潜在意識行動学の
第一人者（ファーストマスター）

Junko Yamashita
山下純子

バグる潜在意識

人生がうまくいく!
80日間「3行メモ」
プログラム

徳間書店

はじめに――「変われない」人たちへ

勉強、ダイエット、筋トレをやり始めても三日坊主。成功本で学んだ行動を実行しようとしても続かない……そう、悪い習慣は変えられず、よい習慣は身につかないもの。そんな実感を持つ人は、とても多いのではないでしょうか。

自己啓発本を読んだり、セミナーを受けたりしても変わらない。別の本やセミナーでも、やっぱり変わらない。そんな**変わりたいのに「変われない」沼にハマっている人、ぜひ、本書で変わってみませんか？**

変わるための手助けとして使うのは、**潜在意識**です。

「潜在意識？　ちょっと胡散くさいな……」と思う人もいるでしょう。世の中には潜在意識について間違った情報があふれているので、そう思うのも仕方ありません。

確かに、「心の底から願えば叶う。叶わないのは願いが足りないか、やり方が間違っているから」と、無茶苦茶な話を潜在意識として伝えるものもありますよね。

それにもかかわらず、あなたはこの本を手にとって最初のページを読んでくれています。おそらく「自分を変えたい」という心の底からの思いがあるからでしょう。

そこで、まずはあなたが変われない原因の話をしましょう。

潜在意識にバグがある

人生がうまくいかず停滞するのは、あなたの中にバグがあるからです。**バグは、人生を好転させるような「行動」にストップをかけます**。あなたがよい習慣を身につけようと思っても「また今度でいいや」と先延ばしするのは、このバグが原因です。

バグは潜在意識の中にあります。だから、潜在意識のバグを見つけて修正できれば、人生は驚くほどうまくいく……のですが、正直に言うと、**バグを見つけて修正する作業がとてもとても大変**なのです。

あとで解説しますが、**潜在意識は私たちが意識できない存在**だからです。そのため地道な作業が必要です。自分の過去を振り返り、バグが生まれた過去の体験や感情を見つけ出していく。その時の行動や感情のあり方を思い出し、よい行動と感情に変えていく。こんなことをくり返して、ようやくバグが修正されます。

願うだけでは、バグは修正されません。**「願えば叶う」とは、願えば自然と「行動」し「努力」するから、望む方向へ導かれる**ということ。その行動や努力なしに願いが叶うことはありえないのです。宝くじで高額当選を願ったものの、くじを買い忘れたら、当選も何も無いですよね？

80日間でバグを修正する！

先ほど、バグを修正する作業はとても大変だとお伝えしましたが、本書では、その大変な作業をしていきます。過去の悪い行動や感情を見つけ出し、よい行動と感情に修正する作業を地道にくり返していきます。ノートを用意してもらい、毎日メモを書く。それを80日間も続けます。面倒そうですよね……。私もそう思います。

でも、最初にこのようなことを隠さずにお伝えするのは、残念ながら**人が簡単に変わる方法は無いからです**。自分を変えたいなら、変えるための行動をする。それしかありません。

私はこれまで2万人以上に私が開発した潜在意識行動学を教え、多くの人の行動や感情を変えてきました。本気スイッチの入った人たちは、私が提供するプログラムに継続的に参加して、自分を変えるのに役立ててくれました。

そこで私が気づいたのは、本気で変わりたい人が大勢いること。どんなに大変でも本気なら最後まで付き合ってくれる、ということです。私はそう感じてこの本をまとめました。「大変」「面倒」でも、あなたが本気ならきっと読み進めるはずです！

1日1回、考えて「書く」

本書は、私が開発した潜在意識行動学のプログラムを書籍化に合わせて改変したものです。1日1テーマを読み、私から**質問**を投げかけます。おもにあなたの過去を思い出してもらいながら、回答を考えてノートに書いてもらいます。文字量はよくある**B5サイズのノートの3行分程度**で十分です。

このプログラムのポイントは「書く」ことです。「思い出す」「考える」だけでは、頭に浮かんだものはすぐにぼやけます。「書く」ことで記憶に残り、頭の中の整理にも役立ちます。あとで振り返りもしやすくなりますね。

ここでまた正直に言うと、回答を思い出せるだけ書いてもらうケースがあり、3行では全然足りない時があります。中には「100個を目標」と言っているところもあります。そのぶん、質問ではなく、ちょっとした息抜き的な行動（でも、大事な行動）をお願いする日もあります。

質問への回答を出せるのはあなただけということもご理解ください。人は、それぞれ過去に違う体験をしています。同じ体験があったとしても、そこで生まれる感情や得られた知識は人によって違います。

本書のプログラムは、あなたが過去の体験から「気づき」を得て、バグを抱えた潜在意識を修正できるようにサポートしていくためのものです。毎日少しずつページをめくり、過去を思い出し、考えて書く。「行動」をくり返し、それが日常になれば潜在意識も整ってきます。本書があなたのお役に立つことができれば、こんなに嬉しいことはありません。

潜在意識行動学ファーストマスター　山下純子

バグる潜在意識

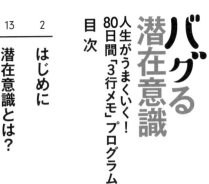

人生がうまくいく！80日間「3行メモ」プログラム

目次

第3章 「人間関係」プログラム

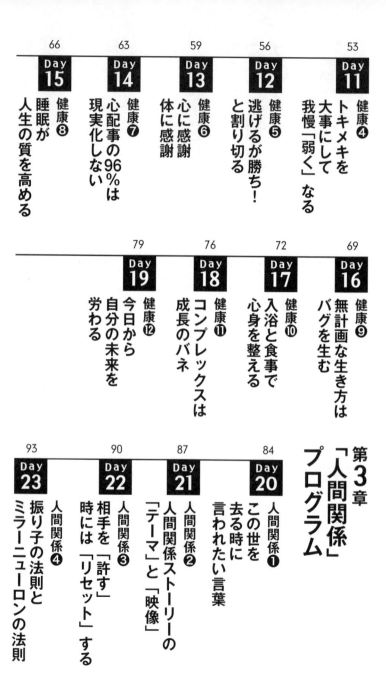

第4章 「仕事」プログラム

第5章「お金」プログラム

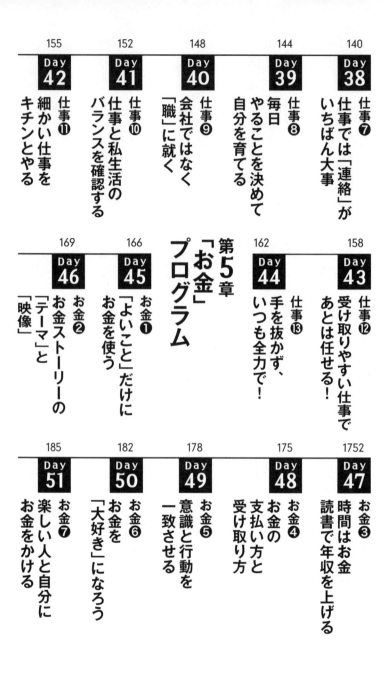

第6章 人生アドバイス

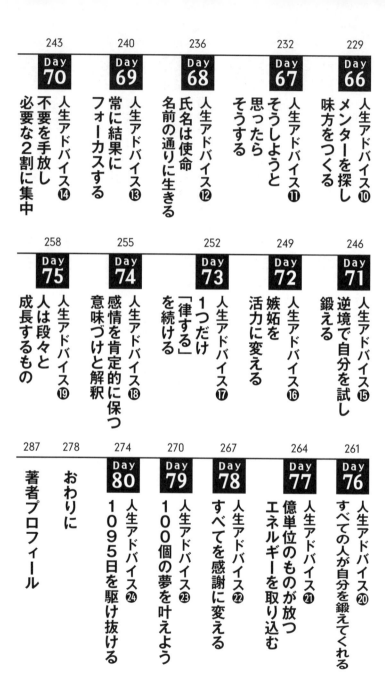

潜在意識とは？

好き嫌いや価値観は潜在意識が決める

潜在意識のバグを修正し、自分を変えるプログラムを行う前に、その肝となる潜在意識について解説しましょう。

潜在意識とは誰もが持つ「意識」の1つです。

人の意識は、潜在意識と顕在意識の2種類があるとされていて、よく氷山に例えて説明されます。

海面の下にある部分が潜在意識、海面から上にある部分が顕在意識です。

顕在意識は普段の私たちが意識して思考できる部分で、潜在意識は無意識の部分です。その比率は顕在意識が4％で、潜在意識が96％ほどだと言われます。

この潜在意識の中に、自分では意識できませんが、**これまでのすべての知識や体**

験、感情などが入っているのです。生まれてから今の今まで見聞きしたものがすべて入っている**貯蔵庫、あるいはデータバンク**と言ってもいいでしょう。

潜在意識にある自分では意識できない情報が、普段の思考や判断、行動の96%を担っています。顕在意識で物事を考え、判断しているように思うかもしれませんが、それはほぼ潜在意識の情報をベースにしたもの。好き嫌いや価値観も潜在意識に入った情報をベースに判断を下しているのです。

潜在意識は「書き換え」られない

本書では、潜在意識にバグを起こす悪い情報を、潜在意識の奥底に押し込んでいきます。ちなみに、バグを「修正する」と表現していますが、**バグそのものを完全に「消す」ことはできません**。

潜在意識は取り込んだ情報のすべてをずっと保存し続けるからです。

よく潜在意識を**「書き換える」と表現されますが、それはできません**。潜在意識は過去のすべてが入ったデータバンクです。ちまたでよく言われる「潜在意識を書き

◆顕在意識と潜在意識

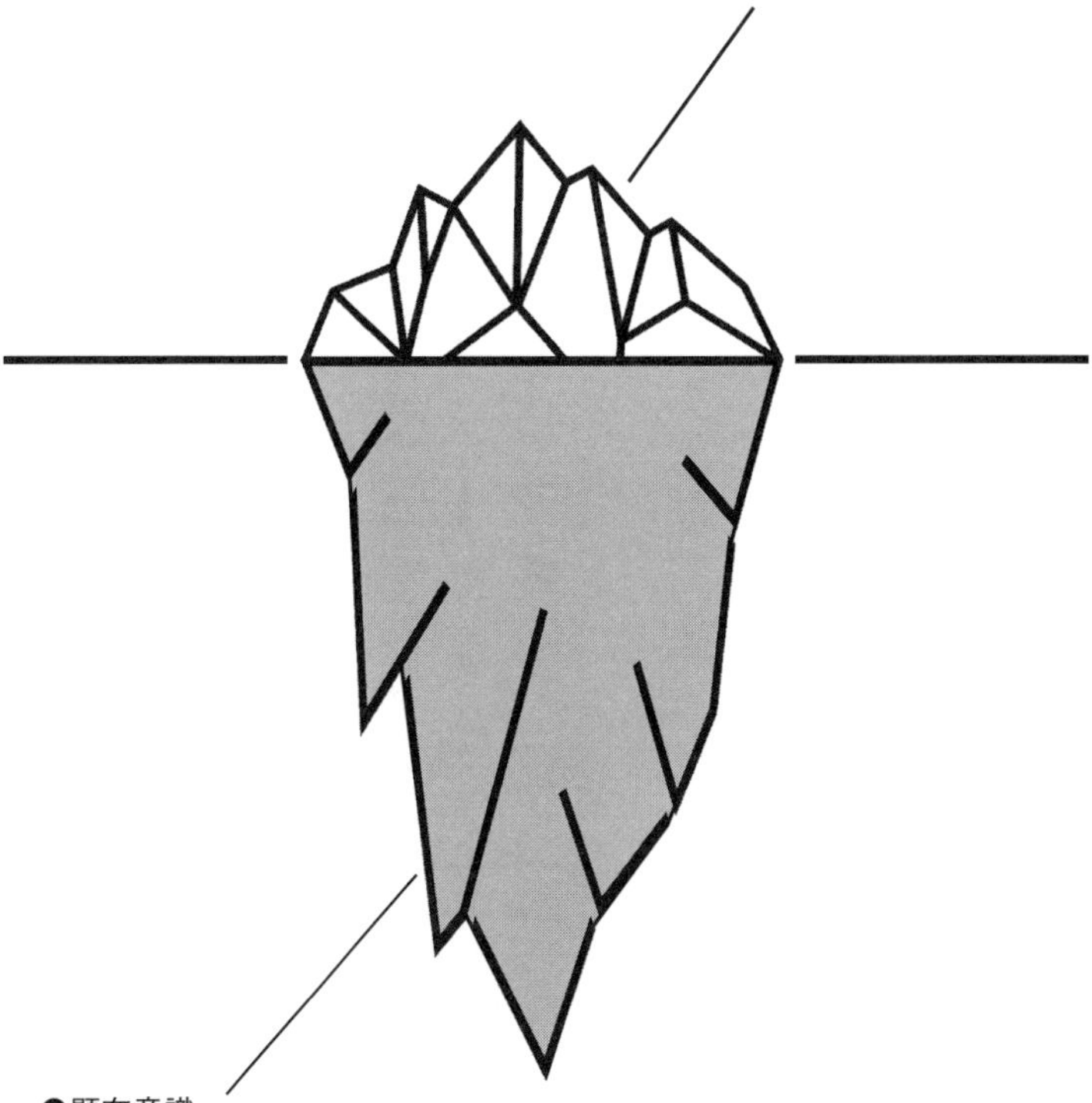
●顕在意識
顕在意識は、普段自覚できる
意識のこと。わずか4％の比
率と言われている。
●顕在意識
潜在意識は自覚できないが、
普段の行動や思考に影響を与
えている。比率は96%とされる。

換える」とは別人になれと言っているようなもの。過去を書き換えるには、時空を超えるタイムマシンでもなければ無理ですよね。

潜在意識のバグを修正する時にできること、できないことをドキュメントファイルに例えて説明します。

間違いばかりの情報が書かれたドキュメントファイルがあるとします。そこに記された情報の上に新しく正しい文章データを書き込みます。いわゆる「上書き」です。

これで一見、書き換わったように思えますが、実は新しく書かれたデータの下には古いデータがそのまま残っており、パソコン操作なら1クリックで古いデータを復元できる状態です。

完全に書き換えるなら、ドキュメントファイルでは「上書き保存」すればいいのですが、**潜在意識にある情報はこの「上書き保存」ができません。**

つまり、**潜在意識は「書き換え」られないけれど、「上書き」だけは可能**ということです。

間違った情報であるバグを修正するとは、それが姿を現さなくなるまで上書きをくり返す。バグデータの上にどんどん新しいデータを置いて、潜在意識の最下層に追いやる。そうやってバグを出づらくすることなのです。

潜在意識は「与えて受け取るシステム」

バグに上書きするためには、自分の過去、そして今を振り返りながら、質のよい情報（体験、感情、知識など）を潜在意識に入れていきます。

潜在意識に「たくさん」「くり返し」入れることで、バグが出づらくなります。さらに、質のよい情報で満たされた潜在意識が、質のよい行動、思考、感情を自動的に選択するようになります。

潜在意識に悪いものを与えれば、悪いものを受け取る。よいものを与えれば、よいものを受け取れる。潜在意識の**「与えて受け取るシステム」**です。原因と結果の法則ですね。

自分は稼げるという情報（行動、思考、感情、知識）を潜在意識に入れれば、不思議と稼げるようになっていきます。当然の話です。潜在意識が稼ぐための行動などを自動的に選択するからです。

人に親切を与えれば、誰かを通して親切を受け取ります。潜在意識は自分に与えたものだけでなく、他人に与えたものでも、それと同質のものを受け取ることができるというシステムです。

4つの面で潜在意識を良質にする

人間が生きるうえで大事なことが4つあります。

それは「健康」「人間関係」「仕事」「お金」です。

この4つをバランスよく高めていくことで人生はスパイラル的に上昇していきます。

人によっては、お金だけ欲しがる人、人間関係の潤滑さだけを求める人もいますが、それでは人生がどこかで行き詰ります。

「健康」「人間関係」「仕事」「お金」を浴槽の4つの側面に見立てて考えてみましょう。「健康」「人間関係」「仕事」の3つの側面だけが高くて、残り1つの「お金」の側面が低ければ、浴槽にお湯は溜まりません。4つの側面の高さがバランスよくあってこそお湯は溜まっていきます。お湯を人生の豊かさだとしたら、4つの側面の高

さが高いほど、人生は豊かになります。


私は潜在意識の師である井上裕之先生から、「健康」「人間関係」「仕事」「お金」の4面を整えてこそ人生が満ちていくと教えてもらい、心底納得しました。

かつての私は潜在意識に新しい考え方が上書きされると、ある時は健康だけを欲しがる。またある時は仕事やお金だけを欲しがる。しかし、今ひとつうまくいかない。そんなことが続いた時がありました。

井上先生から4つの面をバランスよく整えていくことの重要性を学んだことで、徐々に人生のバランスも整い、願いや目標の達成が早くなりました。


本書では、「健康」「人間関係」「仕事」「お金」について、潜在意識のバグを見つけながら、良質な情報を潜在意識に取り入れていきます。

そして、この4つが高まるような行動を、潜在意識が自動的に選択できるようにしていきます。

本書のプログラムは6つの章で構成されています。1章はプログラムに慣れてもらうために「自分を知る」ことをテーマにしました。

2～5章は、「健康」「人間関係」「仕事」「お金」について各1章ずつ展開していきます。

最後の6章は、私が日頃クライアントにアドバイスしていることをまとめました。みなさんが知っていることもあれば、考えたことがないものもあるはずです。あなたの潜在意識にとって、質のよい情報が1つでも多くあることを願います。

毎日質問に答えて、ノートにメモを書くのは大変ですが、ちょっとしたスキマ時間を使いながらできる内容も多くあります。

三日坊主、先延ばし癖の人。毎日同じ本を1テーマずつ読めるわけがないと思って行動しないなら、潜在意識にバグありです。

まずは肩慣らしとして7日間だけ「自分を知る」プログラムをやってみましょう。

80日後のあなたの潜在意識の変化がとても楽しみです！

さぁ、いよいよプログラムのスタートです。

第1章

「自分を知る」プログラム

Day 1 自分を知る❶

「推し」で自分を知る

潜在意識のバグを修正したいと思っても、すぐに潜在意識を変えることはできません。過去の体験と感情の積み重ねが潜在意識で、何十年と及ぶ膨大なデータからバグを見つけ出す作業だからです。まずは「自分を知る」プログラムで、自分の潜在意識の傾向を知ることから始めましょう。

潜在意識を振り返る練習

潜在意識のバグは、過去の悪い体験が刷り込まれた結果です。「すぐにやらなきゃ」と思っても、何かしらの理由をつけて「あとでいいか」となるのは、過去に何度もそうしてきたから。「すぐにやらなきゃ」は「あとでいい」と潜在意識が自動的に反応してしまうのです。

好き嫌いも、過去の体験が潜在意識に刷り込まれ、自動的にあなたに選択させています。 コーヒーと紅茶を選ぶ時に迷うことなくどちらかを選んだり、理由を考えずに「これは好き」「あれは嫌い」と判断できるのは、潜在意識があなたの意識に「好き」のサインを自動的に送っているからです。

今日、私からあなたにする質問は、あなたの「推しは誰ですか?」です。「推し」と今どきの言い方にしましたが、要は好きな有名人のこと。好きな作家、スポーツ選手、タレント、ミュージシャン、アイドル、俳優さんで大丈夫です。1人でも複数人挙げてもいいですし、グループでもOKです。

その人の何が好きなのかを考えることで、**自分の潜在意識の「好み」**が見えてきますよ。

今日やってみよう

あなたの「推し」を書き出そう

あなたが好きな有名人をノートに書き出しましょう。ジャンルは問いません。そして、なぜ好きなのかも書いてください。

単純に「見た目が好きだから」という場合もあるでしょうし、「自分の理想の世界観を表現してくれているから」ということもあるでしょう。

いずれにしても、そこにあるのは自分の潜在意識の「好み」の傾向です。

時間があれば、いつ好きになったのか、好きになったきっかけなども思い出してみるといいですね。

どのような時に、潜在意識が自動的に「好き」のサインを送ってくるか。そこにヒントがあります。

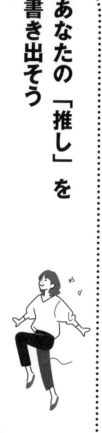

潜在意識のバグは、過去の体験・感情をよい体験・感情に上書きしていくことで修正できます。過去の体験が今の自分に与える影響を知り、潜在意識を振り返りましょう。

残り79日

Day 2
自分を知る❷

「幸せ」と「悲しみ」で自分が見える

自分を知り、潜在意識を振り返る練習の2日目です。昨日は「推し」を挙げてもらいながら、「好き」というサインを送る自分の潜在意識の傾向を探りました。今回は「幸せ」と「悲しみ」についてです。自分が幸せに感じること、悲しくなることを書き出しながら、潜在意識の傾向を見ていきます。

Day 2 自分を知る❷

「本来の自分」と「マイナスな自分」

人は「幸せ」を感じながら生きています。何に幸せを感じるかは人によって違います。私の場合は本を読んだり、文章を書いている時に幸せを感じます。

なぜ幸せなのかを考えると、1つ思い当たる感覚があります。私は多くの本に囲まれて育ったのですが、その時代が幸せな記憶として残っています。本や文章に関係することをすると思い出がよみがえり、幸せな気持ちになるのでしょう。

クライアントに、緻密に計画した列車旅をしている時に幸せを感じるという人がいました。時刻表を見ながら頭の中で旅行のシュミレーションをするだけでも、すごく幸せなのだそうです。この人は戦略的な仕事が向いているのかもしれません。

このように**幸せの答えをひも解くと、自分の根底にある「本来の自分」と呼べるものが見えてきます**。

人は「悲しい」ことも感じながら生きています。どんな時に悲しいかと聞くと、みなさん最初迷いながら「人からひどいことをされた時に悲しいかな」と言うのですが、最終的には「自分の望みが叶わなかった時」「人を裏切ってしまった時」という答えを出す人が圧倒的に多いです。

他の人から影響を受けて悲しいのではなく、自分がしてしまったこと、「マイナスな自分」が悲しいのです。

それを知ると、みなさん「マイナスな自分」を変えようと頑張りだします。思うような人生をつくれていない自分が悲しいから、目標や夢に向かって行動し始めます。人を傷つけた自分が悲しくて、優しく真摯であろうと努力するのです。

今日
やってみよう

幸せと悲しみ、いつ感じる?

どんな時に幸せを感じるか、悲しみを感じるかをノートに書きましょう。できれば具体的な状況を思い浮かべて書いてみてください。幸せでは「本来の自分」、悲しみでは「マイナスな自分」がいないか探してみましょう。

残り
78日

Day 3

自分を知る❸

どんなふうに生きたいか？

書店に行くと、生き方を説く本はたくさんあります。年間ベストセラーにも毎年と言っていいほど、生き方にまつわる本がランクインしますよね。それだけ、多くの人が生き方に悩み、なかなか「これ！」と決まらないのかもしれません。今回はあなたがどのように生きたいかを、潜在意識を利用して探ります。

尊敬する人、子供からヒントを得る

「どんなふうに生きたいですか？」という質問は、これまで2万人以上にしてきましたが、スラスラと答えられた人はごくひと握り。多くの人は考え込みながら答えます。目の前のことで毎日精一杯、生き方というテーマを考える余裕はないものです。

でも、身構えないでください。潜在意識に働きかける質問をするので、それほど時間はかかりません。その質問とは、**「尊敬する人を通して、自分はどのように生きたいですか？」**です。

私にとってそれは緒方貞子さん。彼女は日本人で初めて国連難民高等弁務官を務めた方です。国連の決まりよりも人命優先で動き、多くの難民を救いました。自分の命のように人の命を扱った人。私も自分の本を通して、生き方に迷う人を助ける。そんな生き方ができればと思っています。

もう1つ別の質問もしておきましょう。

「自分の子供にどのように生きてほしいですか？」

子供がいない人は、いると仮定して考えてみてください。子供はあなたの潜在意識の影響を強く受けて生まれてきた存在。子供に「明るく、友達と仲よく生きてほしい」と思ったとしたら、あなたが「明るく、友達と仲よく生きたい」と思っているのです。**自分の子供に思うことは、あなたが自分自身に思うことの表われ**です。

今日
やってみよう

どんなふうに生きたいですか?

先ほどの2つの質問の回答をノートに書きましょう。、子どもの頃に通った幼稚園の先生のようにありたいと答えた人がいました。いつも笑顔で対応してくれた記憶が強く残っているそうです。尊敬できる人に出会い、その人のように生きたいと思うのはとても素敵ですね。

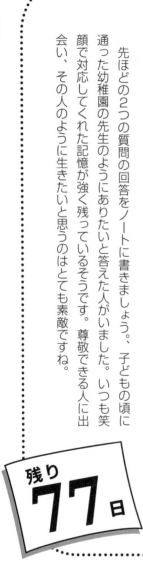

残り
77日

3日目終了。
明日には、
三日坊主を
卒業!?

Day 4

自分を知る❹

親から自分を知る

「自分を知る」プログラムの4日目は、親から自分を知る、です。昨日お話ししたように子供には、その親の潜在意識の影響が出ます。身近な存在ゆえに見逃しがちですが、自分を知ろうと頭の中でグルグル考えるより、親から自分を知るほうが効率的です。あなたの親はどんな人ですか?

Day 4

自分を知る❹

親の関心事、職業などがヒントになる

私が生まれた頃、父は『歎異抄』と『茶の本』（美術史家の岡倉天心が著者）にハマっていて、読みまくっていたそうです。

『歎異抄』とは鎌倉時代後期に書かれた仏教書で、浄土真宗の開祖親鸞の教えが記されています。人生の指針の書として、今でも多くの人に読まれています。

さて、現在の私はというと、生き方コンサルタントであると同時に美術解説をしています。偶然の一致のようですが、潜在意識からしたらよくある話です。

父の潜在意識のエネルギーが私の人生の一部、仕事の面に影響しているのです。

このように自分が生まれた頃、親が何に興味を持っていたか、親がどんな本を読んでいたか、親の職業が何だったかなどを知ることで、自分を知ることにつながります。

もしよければ今日、あなたの親に電話をかけてみてください。そして少し昔話をしてみてください。

「どうしたの？・」と不審がられるかもしれませんが、「親のありがたみがわかってきて、自分を育ててくれた時に、どんなことに興味を持っていたかとか全然知らないから」と言えば、きっと喜んで話をしてくれますよ。

ちなみに親は、実の親でなく、育ての親でも大丈夫です。子供の時、いちばん一緒に長く過ごした大人の潜在意識を調べましょう。

今日やってみよう

自分の親について調べてみよう

自分の記憶を頼りにする、あるいは親に電話やメールをするのもいいでしょう。親がかつて関心を持っていたこと、得意・苦手だったこと、好きな本や音楽、仕事は具体的に何をしていたかなどを聞いてみてください。

そしてノートにメモしておきましょう。その中に、現在のあなたに通じるものがあれば、それも書いておきましょう。

残り76日

ご両親のうちのどちらかが、銀行員だったというクライアントが何人かいるのですが、帳尻合わせや勘定が得意な人が多いです。

Day 5

自分を知る❺

家系から今生の学びを知る

昨日に続いて自分のルーツをひも解くと、自分を知ることにおいて得られるものがあります。家系を調べてみるのです。といっても、堅苦しく考えないでください。父と母、祖父、祖母、おじおば、親戚など比較的簡単にわかりそうな範囲で十分です。そこで見えてくるのは、あなたが人生で何を意識すべきかということです。

意識すべきことを家系から知る

私の父方は教える職業の人が多く、母方は商売をやっている人が多い家系です。不思議なことに、商売をやっている人が「生き方を教えてください」と、私のところに相談しにくるケースが多いのです。

私の今生の学びは、いかに人生の組み立て方を教えるか、その方法論を学び、それをどのように伝えていくかです。

クライアントさんの1人に、家系が早死にだという人がいました。その人の今生の学びは、いかに健康的に生きるかだと言えるのではないでしょうか。

何代にも渡って離婚しているパターンが多い人もいました。今生の学びは、パートナーとうまくいくように協力し合うことですね。

こんなふうに**自分の家系に共通していることを見つけられたら、それは自分が今後の人生で意識すべきこと**になります。

自分の記憶の範囲内でもよし、2日続けて親に電話してもよし。自分の家系のことを調べてみましょう。

ここまでの「自分を知る」プログラムを通して、自分や家族の過去を振り返りながら、あなた自身の潜在意識の傾向を少し知ることができたと思います。過去を振り返る作業にも慣れてきたところで、明日からは、少しずつ潜在意識のバグを意識した内容へと進みましょう。

今日
やってみよう

自分の家系を調べてみよう

破産する人が多いという家系の人がいたら、その人にとっては、ずばりお金が学び。騙されることが多い家系なら他人との線引きが学び……このように何か共通するものを見つけたら、ノートにメモしていきましょう。そして、その事実をを自分の人生にどう活かせるかを考えて、書き加えておいてください。

残り
75日

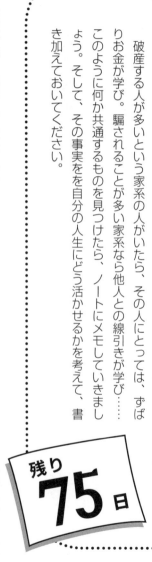

よい習慣と悪い習慣は「自分本位」で考えて。続けるもやめるも、自分に関係する理由を見つけてください。

Day 6
自分を知る❻

続ける習慣 やめる習慣

「自分を知る」プログラムも6日目となり、残りは今回を含めてあと2回です。次の「健康」プログラムからは、本格的に潜在意識を取り入れていく作業が始まります。作業と言っても、潜在意識を毎日意識していくだけのこと。そのうえ、今日と明日で、その練習もしていきますので、安心して進めてください。

Day 6
自分を知る⑥

選択は自分の潜在意識次第

潜在意識は、あなたがこれまで取り込んできた知識と経験、感情を使って、あなたの人生をつくり続けています。

その人生は選択の連続です。結婚や離婚、学校や仕事はどうするといった節目の時だけでなく、何を食べる、どんな服を着る……と毎日選択が続きます。どんな選択をするか決めるのはあなたの潜在意識です。

あなたがこれまでの人生の選択に満足なら、本書は必要ないかもしれません。でも、選択に後悔があって少しでも自分を変えたいなら、またここから一緒に潜在意識を学んで生活に取り入れていきませんか？

潜在意識にバグがあると潜在意識は自動的に悪い行動や感情を選択します。悪癖が直らないのは、それが原因です。

潜在意識は書き換えられませんが、**毎日よいことで潜在意識を上書きできます**。悪癖や悪い感情といったバグを奥に追いやって、潜在意識が自動的によい行動や感情を選択しやすくするのです。選択の質が上がると、人生の質も自然と上がります。

潜在意識を生活に取り入れることは、**「今の言葉、行動、感情は潜在意識にとってよかっただろうか？」と毎日少しの時間考えるだけ**。そして、**よいことだけを潜在意識に取り入れ続けていけばいい**のです。

今日やってみよう

良い習慣、悪い習慣をノートにメモする

続けているよい習慣、やめたくてもやめられない悪い習慣はありますか？　あればノートに書き出してください。

よい習慣は、どんな効果を感じているか、改善するともっとよい習慣にならないかも考え、そこで気づいたことを書き加えます。

悪い習慣は、なぜ悪いのか、その理由を改めて考えてください。「注意されたから」など、自分以外の理由だとなかなかやめられません。

よい習慣と悪い習慣は「自分本位」で考えて。続けるもやめるも、自分に関係する理由を見つけてください。

残り74日

Day 7

自分を知る⑦

心に引っかかるものは すぐに解放する

いよいよ「自分を知る」プログラムの最終日。今回は「心に引っかかるもの」です。やらなければいけないのにやっていないこと、心配事などのネガティブなものは、スパッと消し去りたいところですが、残念ながらそれはもう少し先の話。今日は、あなたの心に引っかかっているものを教えてください。

「心のひっかかり」が言葉、態度、体に影響

心に引っかかるものがあると、それがずっと気になります。気になることを持ち続けると、それが潜在意識に入り続け、心だけでなく言葉遣いや態度、さらに肉体にも反映されます。「病は気から」。**心に引っかかるものは、すぐに解放すべき**です。

とはいえ、やろうやろうと思いながらもできていないこと。心配に思っていることなどをどうやって解放すればいいのでしょうか？

行動すればいいのです。整理整頓をする。連絡を取りたい人がいる、行きたい場所がある、会いたい人がいる、感謝を伝える、謝る……など、すぐに行動です。

「それができないから、ずっと心に引っかかているんだよ」という声が聞こえてきそうですね。そう思った人、やろうと思いながら、ずっと放置していることを今日ノートに書きましょう。

「ずっと前から謝りたい人がいる」と言ったクライアントがいました。ごめんなさいと思いながら何年も苦しい思いをしていたとのこと。「思い切って連絡をして謝って

みたらいかがですか?」とアドバイスをしたら、重い腰をあげて謝罪をしたそうです。すると、相手もずっと悪いと思っていたようで、お互いに気持ちが晴れたとのこと。行動を起こせば、変化が生まれます。自分を変えたければ、心のつかえを解消したいなら、止めていた行動をするしかありません。それに引っ張られるように、不思議と何かで進展があります。仕事が入ってきたり、思わぬお金を得る人もいます。

今日やってみよう

心に引っかかっていることはどんなことですか?

やろうと思いながらも、行動を止めていることをノートにメモしましょう。いくつでもOKです。そして、止めている理由も書き加えてください。面倒だから後回しにしている、妙なプライドのために取り掛かれないなど。行動を止めるほどの理由なのかを冷静に振り返りましょう。

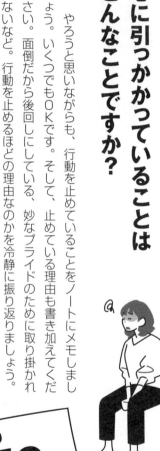

残り73日

第2章

「健康」プログラム

Day 8
健康❶

健康ストーリーの「テーマ」と「映像」

健康ストーリーとは、あなたが健康面で思い描く理想の人生です。実際にはこれからのお話なので、まだ白紙状態。そのため、「テーマ」が必要なのです。「元気に長生き」「理想の体型になる」など何でもOK。そのテーマが達成されたら、あなたはどんな表情、思いで生きているか。それをリアルに思い浮かべるのが「映像」です。

これからの「健康」を自分で描く

最初にひと言、「おめでとうございます！」と言わせてください。**まずは1週間、自分の潜在意識について考えてきました。これだけでもすごいことです**。自分で自分をしっかり褒めてあげてください。

さて、本書の冒頭で人生は「健康」「人間関係」「仕事」「お金」の4面をどう構築していくかで決まるとお伝えしました。ここからは「健康」面について、潜在意識のバグを修正していきます。

初回の今日は**健康面の「テーマ」を決め、それが実現した時の「映像」を思い浮かべます**。例えば「無理のないダイエット」というテーマを決めて、それが実現した時の自分はどんな姿で、どんな気持ちかをなるべくリアルに思い浮かべるのです。

テーマは難しく考えないでください。シンプルに「元気で長生き」「理想の体型で生きる」「食事を美味しく食べる」でもいいですね。

「無理のないダイエット」がテーマだとしたら、それを実現したあなたは、笑顔で肌つやよく、スッキリとした姿をしているはず。そんな映像をリアルに思い浮かべると、**テーマを実現するためのストーリー（にともなう行動や意識）が思いつくはずです。**

これからの人生でどんなストーリーを描くことになるかは、あなたのテーマと映像、そしてストーリー次第です。

今日
やってみよう

健康のテーマと映像を考えよう

健康について理想のテーマと、思い浮かべた自分の映像をノートに書きましょう。

「元気に長生き」をテーマにしたら、健康を害する習慣はやめようとなります。挫折しそうになっても、元気に楽しく長生きしている映像をリアルに思い浮かべられたら、悪習慣は控えようとなります。

できれば、毎日目につくところにこのメモを貼っておくと、悪習慣や健康に悪いことへの抑止力となってくれます。

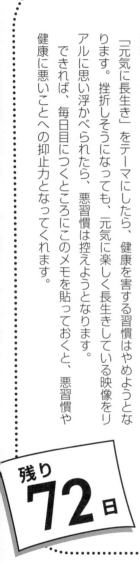

「テーマ」を決め、「映像」を思い浮かべる作業は、これから何度もやります。まずは練習するつもりでやってみましょう。

残り
72日

Day 9
健康②

機嫌よく過ごすために自分を喜ばせる

昨日メモした健康の「テーマ」と「映像」を改めて眺めてください。実現した自分の姿を思い浮かべると、ワクワクしてきませんか？このワクワク感が、健康にとても大事。でも、思い描く未来が実現するのは少し先の話ですね。毎日ワクワクを保つのは難しいものです。そこで本日は「自分を喜ばせる」ことに取り組みます。

Day 9
健康❷

プラシーボ効果を使おう

親しい友人と大好きな旅行に行く予定があるとします。その前日は旅先のことを思い浮かべてワクワクしますよね。これは、先の出来事への期待感で自分が喜んでいる状態です。このワクワク感があると、人は機嫌がよい状態になります。機嫌よく毎日を過ごせれば、血圧や自律神経が安定して、自然と心身は健康へと導かれます。

でも、旅行などは特別なイベントですし、毎日のようにできることではありません。そこで利用したいのが、「プラシーボ効果」です。

車酔いしやすい人に普通のアメを酔い止め薬として舐めさせると、酔わないことがあります。「これで治る」という期待感、思い込みによって薬のような効果が出る。**プラシーボ効果とは期待や思い込みの力がプラスに働くこと**を指します。

プラシーボはラテン語で「私は喜ばせる」という意味で、**褒めたり、励ましたりもプラシーボ効果**を生みます。「重要な仕事だから、あなたにしか頼めない」と言われたら、期待を感じて協力したくなります。「この仕事が終わったら、スイーツが食べられる」と思えば、作業が一気にはかどりますよね。
ただし、自分を喜ばせることは、自分を甘やかすことではありません。むしろ、**自分を律するため**のもの。**自分を甘やかして「やらなければいけないことをやらない」では潜在意識にバグを生みます。**ネガティブなことに流されずに自分の感情を機嫌よく保つための手段なのです。

今日やってみよう

自分を喜ばせるものを見つけよう

これをやったら、あれを考えたら、幸せで喜んでいられる。大好きな食べ物やお気に入りの服、趣味、思い出など、毎日のようにできるものをメモしてください。そして自分を喜ばせる行動をする時には、自分を後押しします。「自分は自分を喜ばせながら機嫌よく生きていきます」と心の中で宣言をするのです。すると本当に機嫌よく1日を過ごせます。

残り71日

Day 10
健康❸

呼吸の使い分けを意識する

今回は、普段何気なく行っている「呼吸」に注目します。朝慌てて出かけた時、会議に出席している時、友達や同僚と話をしている時、お風呂に入ってボーっとしている時……など、1日の行動の中で、自分の呼吸を観察してみてください。あることをしていないことに気づくかもしれません。そのあることとは……？

2つの呼吸を使い分ける

呼吸を毎日意識して過ごしていますか？

キラキラと輝く人生を送る潜在意識の状態がよい人は、自然と2つの呼吸を使い分けています。一方で、すぐにあきらめてしまう、つまり**潜在意識にバグが多い人は、呼吸の使い分けができず、1つの呼吸だけをくり返しています。**

呼吸には吸って吐くペースが速い「浅い呼吸」と、ゆったりとした「深い呼吸」があります。

「深い呼吸」は血の巡りをよくします。深呼吸をすると心と体が落ち着くのは、体の末端の血液量が上がるからです。体はリラックス状態になると、各細胞を修復・活性化して、自律神経を整えます。

「浅い呼吸」は呼吸のペースが速く、心と体に緊張を生みます。集中したい時にあえて「浅い呼吸」をして効率を上げることができますが、常に「浅い呼吸」で緊張状態が続けば、心身は疲弊します。

「変えたいのに変えられない」という人の多くは、「浅い呼吸」を途切れることなく続けています。つまり、常に緊張している状態。心も体も疲弊しやすくなり、自律神経のバランスが崩れて、心身に不調を生みます。

心身が整っていなければ、変えたくても長続きしないのは当然。**「浅い呼吸」ばかりだと「自分を変えられない」というバグが無限ループする**のです。

今日やってみよう

毎日最低3回「深呼吸」しよう

深呼吸のやり方を教えます。リラックスした姿勢で、深呼吸を30秒くり返してみましょう。余計なことを考えないようにゆっくり吸って吐くことだけに集中してください。毎日3回はやりましょう。

バンザイをして呼吸を浅く速くするとやる気が出ます。ただし、ひと段落したところで必ず深呼吸をするようにしてくださいね。

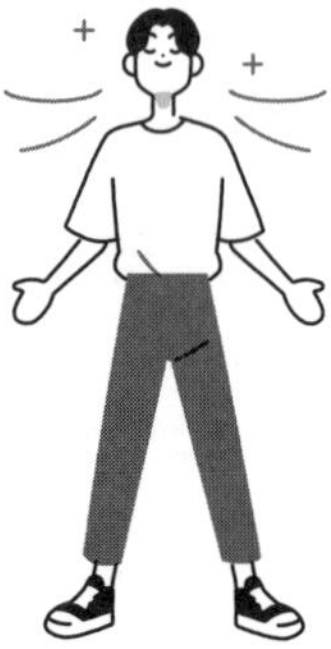

残り70日

Day 11
健康④

トキメキを大事にして我慢「弱く」なる

今、あなたの欲求を思い浮かべてください。「あの人と付き合いたい」「家が欲しい」でも何でも大丈夫です。でも、今のあなたは、その欲求に向かって突き進むよりも、我慢を選びがちではないですか？我慢を潜在意識に入れ続けていると、今後も我慢ばかりの人生になるかもしれないですよ。

Day 11
健康❹

我慢「強い」人に潜在意識のバグあり！

「我慢に我慢を重ねる」。時に美徳のように語られますが、常に気持ちや体に緊張を生み続けるだけで健康によくありませんよ。

何より我慢を潜在意識に入れ続けると、人生が拓いていかなくなります。**チャンスの度に潜在意識がバグを起こして、我慢することを選んでしまう**からです。人はむしろ我慢「弱く」あるべきです。

「お金が欲しい」「愛されたい」「スキルが欲しい」……素直に思って大丈夫。そこに向かって全力でいきましょう。**欲求を肯定的に捉えると潜在意識は活性化します。**

欲求とはその対象への「トキメキ」です。恋愛能力が高い人に素敵な人が多いのは、トキメキをきっかけに自分を高める努力をするから、その実現を想像して毎日ウキウキと暮らしているからです。

「そんな欲求があっても叶うわけがない」「どうせ無理」と思っていませんか？

その思いこそが**あなたを我慢「強く」させて、人生の可能性を狭めている**ことに、今日こそ気づいてください。自分を変えられないバグのひとつですよ。

トキメキとは情熱です。情熱があるほど物事へ打ち込めるし、つらいことも悲しいことも乗り越えていけます。情熱でアクセルを踏み出そうとしているのに、我慢してブレーキを踏んでは一向に前へ進めませんよ。

トキメキと同時に生まれる遠慮や恥じらいは、ぜひ無視してくださいね。

今日やってみよう

欲しかったけど我慢したものは？

この質問に対する答えをノートにメモしましょう。「なぜ我慢したのか」「我慢した理由は今でも必要か」まで考えてください。

貯金のために欲しいものすべてを我慢している人は、チャンスの時に潜在意識が「我慢」を選ぶので、やがて年収が減ります。。自分の将来にとって「よい経験」ができると思うことには、我慢をやめましょう。

残り69日

Day 12
健康⑤

逃げるが勝ち！と割り切る

へこんだり、イライラが起こる場面を思い浮かべてください。会社の上司や同僚、部下、あるいは親戚、近所の人、かつての恋人や友達……誰かの顔が思い浮かんだ人は、特に今日のテーマが大事です。その人たちへのマイナスの感情が常にあり、あなたの心身を疲れさせるとしたら、潜在意識にも悪影響があります。

へこむ、イライラが潜在意識にバグを生む

ある人と関わっていると気分が優れない時があります。へこんだり、イライラしたり、自分を不機嫌に変えてしまう。そんな人、あなたの周りにいませんか？

意見がまったく合わない人、いつも怒ってくる人、自分の意見を押しつける人……。

そういう人との関係を長く続けて、**頻繁に悪い気分になることをくり返していると心身が疲弊し、潜在意識は悪い感情というバグを取り入れ続けます**。

世の中にまったく同じ価値観を持つ人はいません。同じ親から生まれた子供でも性格や生き方は違います。家庭外の世界、学校などで出会う友達や付き合う人が違い、それぞれの潜在意識に入るものも違うからです。

潜在意識は知識と経験の貯蔵庫、いわばデータバンク。**潜在意識に持つデータがそれぞれ違うのですから、同じ価値観を持つ人が誰一人としていない**のは当然です。

人間関係がうまくいくのは、考え方や価値観が近い人に「共感」を持てるからです。考え方や価値観が遠ければ遠いほど、うまくはいきません。

同じ思考や感情の人間はいない。全員が違うと思っていたほうが生きるのは楽です。

誰かと意見がぶつかった時に、**これ以上は歩み寄れないと思ったら、さっと身をかわして逃げるが勝ちです。**誰かに仲裁に入ってもらう、弁護士や公共機関に相談して解決法を模索するのも1つの手ですよ。離れて気持ちを切り替えるのが大事です。**歩み寄れない人もいる……そう思って生きたほうが人生は肯定的**に生きられ、心の健康によく、潜在意識もバグが生まれづらいです。割り切りの考え方です。

今日
やってみよう

あなたがうまく付き合えない人はどんな人？

いつも嫌な気分にさせられる人はどんな人ですか？　ノートに書いてください。そして、うまく付き合えない理由を考えてください。もし、その人とうまく付き合えている人がいたら、どんな対応をしているかをメモしましょう。その対応を一旦真似してみましょう。関係性が変わらないようなら、割り切って関係を断つことも1つの手段です。

人間関係は人生の4面のうちの1つ。本書でも第2章でそのポイントを紹介していきます。

残り
68日

Day 13

健康⑥

心に感謝 体に感謝

前回は、どうしても合わない人への対応で、イライラやへこんだりすることを少なくするお話でしたね。今回はリラックスして、気持ちがほっこりするテーマにしましょう。心が温かくなる、体もポカポカする。何より潜在意識にいい影響を与える。それが「心に感謝」「体に感謝」です。

Day 13
健康❻

感謝すべきなのに、つい忘れがちな存在

「心に感謝」……ピンとこないかもしれませんね。

生きているとたくさんの出来事があります。みなさん、1つ1つの出来事にいろいろな思いがあるはずです。嬉しかった思い、楽しかった思い、感動した思い、同情の思い、ビックリした思い、つらかった思い、泣きたくなるような思い、腹立たしかった思い。

そんな思いをこれまで受け止めてきたのはどこでしょうか？

ほかでもない、あなたの心です。

今までの出来事へのさまざまな感情を、心はすべて受け容れてきました。心とはありがたい場所なのです。

「心が折れた」と思っても、時間とともに気持ちが切り替わる。柔軟で弾力がある、しなやかなのが心です。これまでも、そしてこれからも、**すべての思いを受け容れてくれる器の大きい存在**です。

そこで**「心よ、今までありがとう、これからもよろしくお願いします」**とあなた

の心にくり返し言い続けてみてください。それだけで、心はじんわり温かくなります。心とはあなたの感情の容れ物なのです。容れ物は大切に扱いましょう。

体に感謝し、体と友達になる

今まで生きてきた年数を、あなたと共に歩んできたのは心だけでなく、**「体」も一緒ですよ**ね。病気や怪我などすべて受け止めてきたのは体です。行きたい場所に移動できるのも体があるからですし、親しい友人や家族と抱き合えるのも体があるから。生まれてから片時も離れずに死ぬまで一緒なのは名前と体です。感謝し、大事にしていきましょう。**自分の体にコンプレックスを持ち嫌うのは、体に対してとても失礼なこと**ですよ。体もきっと悲しみます。

体に感謝するとさらに体を大事にしようと思えるものです。すると、体もあなたをもっと好きになってくれますよ。すなわち、健康でいられるということです。

潜在意識の活性化は、心と体をありがたいと思う感謝の気持ちからです。

今日
やってみよう

心と体に感謝しよう！

今日1日は、自分の今までの人生を受け容れてくれた心と体に感謝しましょう。

具体的に感謝の言葉をノートに書いてみましょう。

「悲しかった時に乗り越えられたのは、あの時の心のおかげ。ありがとう」でもいいです。

「ずっと健康なことに甘えて、タバコの習慣をやめられずごめん」などお詫びしたい気持ちがあれば、それも記しましょう。

もし心と体にお詫びしたいことがあるなら、今後お詫びしなくていいように何ができるかを考えてみてください。それをメモしておくのもいいですね。

明日からも感謝の気持ちを忘れずにいましょう。心と体を大事にできない時は潜在意識にバグがあると思ってくださいね。

残り
67日

掌をギューッと開き、パッと緩めて軽く握る。パーが先なので「パーグー運動」。これをくり返すと血行がよくなり体がリラックスします。緊張した時に手をぎゅっと握ったりしますよね。ですから、リラックスしたい時は、逆をやるのです。心と体に感謝しながらやれば、心身ともにポカポカしますよ。

Day 14
健康⑦

心配事の96%は現実化しない

本当かどうかわからないのに、未来がそうなるとは決まっていないのに、相手がどう思っているかわからないのに、やたらと悪い想像をして自分の気持ちを落とし続ける時があります。不安や心配事で押しつぶされていると、本当に悪い結果が生まれます。思考は現実化します。でも、心配事の96%を現実化させない方法があります。

Day 14
健康 7

不安や心配事はほとんど現実化しない

自己啓発系やスピリチュアル系の本に、よく「意識が現実化する」とあります。ハワイにヒイアカという名の女神様がいます。女神ペレの妹です。ヒイアカは、外の生活で卵から孵ったものは、私たちの心に宿ったものの結果だと言っています。人の心にある**思いを卵とするならば、それが外で孵化したものが世界で起きている現象**だと言うのです。まさしくハワイの女神様版の「意識は現実化する」です。卵を温めると孵化（ふか）します。自然界の卵には孵らないものもありますが、人間の思いである卵はすべて、いずれ孵化します。よい思いも、悪い思いもです。あなたの心にある卵はポジティブな卵ですか？　ネガティブな卵ですか？　温めるならどちらの卵にしますか？　どちらの卵を孵化させたいですか？

そもそも**不安や心配事の80％は起こらず、16％は準備をしておけば避けられる。どうしても避けられないものは4％に過ぎない**と言われています。

ネガティブな意識の現実化を防ぐ方法を「今日やってみよう」で紹介します。不安や心配事を消して、嬉しい想像、前向きな思いを潜在意識に入れていきましょう。

潜在意識はよい悪いの判断をしません。悪い思いを上書きしてばかりいたら、あなたの潜在意識のバグを修正できないばかりか、悪い思いを叶えようと動きます。望むことだけを望んでいくこと、これを心のどこかに置いてくださいね。

今日やってみよう

ネガティブな思いの卵をどんどん書き出そう

あなたの不安や心配事をノートに書き出していきましょう。どんどん書き出していくうちに、「こうしておけば大丈夫」「自分が悩むことではないな」と、不思議と思えてくるものです。

対策が思い浮かべは、それを実行する。悩むことでなければ、きれいに忘れる。ネガティブな思いは、早め早めに消していくことで、96％現実化しないのです。

残り66日

超ポジティブという人ほど一度ネガティブに気持ちが傾くと、悪い思いに深くハマる傾向があります。気をつけましょう。

Day 15 健康❽

睡眠が人生の質を高める

24時間はざっくり2つに分けられます。起きている時間と眠っている時間です。人は活動している時間のことばかり考えがちですが、眠っている時間が起きている時間の質を決めます。睡眠時間の質が落ち、活動時間とのバランスがくずれると、健康と潜在意識に悪影響を及ぼしますよ。

眠る前は幸せな想像を潜在意識に送り込む

眠るためにしっかりと昼間に動く。動くためにしっかりと眠る。このくり返しが人の一生をつくり続け、人生の質を決めていきます。起きている時間にどう行動するかで人生が決まると考えがちですが、**睡眠の質も人生の質を決めるくらい大事**です。

良質な睡眠をとると心にゆとりが生まれ、よいアイデアも閃きやすくなり、何より体が軽く感じます。その心地よさが続くと、潜在意識のバグも修正されていきます。

睡眠時間は6～8時間がいいとされています。まずは、その時間を確保できる、起床時間と就寝時間を決めます。そして実行です。約21日間続けると定着していきます。

起きている間にその日のことを終えられるように計画的に物事を進めてください。

就寝3時間前には食事を済ませる。寝酒は控えて。浅い睡眠の質が落ちるだけでなく脱水症状まで引き起こすことがあります。寝具や寝間着を心地よいものをそろえ、読書や映画も眠る時間がきたら切り上げる。

そして、幸せなことを想像してから眠りましょう。**その想像が潜在意識に入り、**

物事を叶える方向へと導きます。

起床したら歯みがきをする、水を飲む、ベランダに出る、お気に入りの音楽をかける、換気をするなど、目覚めがよくなる工夫をしていきましょう。

今日
やってみよう

起床と就寝の時間を決める！

起床と就寝の時間を決めましょう。何時と何時に決めますか？
次に、今日から毎日の行動に優先順位をつけます。起きている間にその日やることを終えるためです。
もし、「6〜8時間」「質のよい」睡眠を確保できないとしたら、その原因は何でしょうか？　毎日の行動に不要なものがないか、詰め込みすぎていないかもチェックしてください。眠りを妨げるものを改善する方法も考えてみるといいでしょう。

心配事や不安のために寝つけない人もいるでしょう。そんな人は、Day14でやったネガティブな思いを書き出してみてください。気持ちが軽くなりますよ。

残り
65日

無計画な生き方はバグを生む

健康に関するお話は、残りあと4つ。すでに2週間以上、このプログラムにチャレンジしているみなさんは、ある意味で計画的に物事を進められる人達と言えますね。今回は計画と健康についてお話しします。計画と健康、すぐに結びつかない言葉かもしれませんが、潜在意識の状態にもかかわるとても大事な関係なのです。

Day 16 健康9

計画は潜在意識の栄養素

無計画に生きると、時に面白いことに出会えたりします。しかしながら、それは行き当たりバッタリに出会う面白さであり、大抵は長続きしません。

私がお会いする健康で長生きしている人たちは、みなさん未来にやりたいことを嬉しそうに語ってくれます。温泉や海、山に行きたい。ガーデニング好きな人は、来月には苗をつくる、どこに植える……そんな計画をイキイキと語ってくれます。

計画を思うこと、想像することで潜在意識に計画が刷り込まれます。それを成すために自分の体を健康に保とうと潜在意識が働き、イキイキするのです。叶う叶わないは関係ありません。**計画は潜在意識の栄養素**なのかもしれませんね。

計画を持つ人は1つの方向に行動し、ポジティブなことを引き寄せていませんか？無計画な人はふらふらして、余計なことを引き寄せていませんか？

健康でハツラツとしている人は、老若男女問わず、未来への楽しい計画を持っている人ではないですか？

行動は時間を必要とします。人生は時間でできていますから、**無計画な人は「自分は時間を必要としていない」と潜在意識に落とし続けています。**無計画でいることは、実に危ない生き方なのです。

今日やってみよう

やってみたいことのリストをつくろう

叶うか叶わないかは一旦置いて、「やってみたいこと」をノートにメモしましょう。

行きたい場所やイベント、会ってみたい人などいくつ書いてもOKです。計画は潜在意識の栄養素ですから。

いつ叶えるかの期限も一緒に書いておいてください。計画のための行動を促してくれます。そして毎日、計画を達成した自分を遠慮なく想像しましょう。

残り64日

桜や紅葉、海水浴、その時期にしか食べられないものを食べに行くなど、季節に合う楽しい計画を考えると、期限も自動的に決まりますよ。

Day
17
健康⑩

入浴と食事で心身を整える

疲れが残った体のままでいたり、偏った食事をとってばかりいると、心身に悪影響があることは誰もが知っていますよね。疲れた感覚や健康を害する行動が潜在意識に入ると、次第にやる気を失い、人間関係、仕事の面にも悪影響が出てきます。ごくごく当たり前のことのようですが、入浴と食事について改めて見直してみましょう。

潜在意識を心地よさで満たそう

入浴には、体の汚れを落とす効果だけでなく、健康への大きな効果があります。それは3つの作用「温熱作用」「水圧作用」「浮力作用」によって生み出されます。

「温熱作用」で体温が上がると皮膚の毛細血管が広がり、血流がよくなり代謝もアップ。老廃物、疲労物質が体外へと出されます。コリなども緩和されますね。

首までお湯に浸かると体全体に水圧がかかります。この「水圧作用」で心臓と肺の動きが活発化。血液やリンパの流れがよくなります。

そして「浮力作用」で、体重を支えていた体の負担が軽減されます。関節や筋肉などいつも酷使している部分を休ませるために、湯船に浸かりましょう。

夏場なら38度前後、冬場なら40度前後のお湯に少なくとも10分〜15分、週に3〜4回は浸かりましょう。

3つの作用で体がリラックスし、心はリフレッシュ。潜在意識が心地よさで満たされていきます。**「体に感謝」して入浴すると、潜在意識はより活性化**していきます。

「引き寄せ」という言葉がありますよね。**引き寄せは感情によって起こります**。嬉しい気持ちの時は嬉しくなることが起こり、怒っている時はさらに怒りたくなる現象を引き寄せます。入浴で気持ちよくなると、心が安らぐことを引き寄せます。

バスタイムは引き寄せタイムですよ。

Day 17
健康⑩

毎日3回の食事で第2の脳を刺激する

食事の回数は1日に3回がベストです。

なぜかというと、**腸を動かすため**です。腸は第2の脳と呼ばれ、脳神経とは別に独自に動きます。人体にとって毒のあるものが摂取されると嘔吐や下痢をして速やかに体外に排出されます。これは腸が毒を判断しているからです。

腸は感情を司るとも言われ、緊張するとお腹を下すのはそのせいだそうです。

つまり、食事で腸に刺激を与えることは、第2の脳を動かして、心身のバランスを保つのに役立つのです。そのベストの回数が1日に3回なのです。

現代食は栄養豊富なため3回だと食べ過ぎ、栄養過多だと思う人は、水を飲む、ビスケットを1枚食べるなどで調整してみてください。

そして**食事の時も、ぜひ「感謝」を持って食べて**いきましょう。生産者、調理してくれた人、あるいはこの食事のために頑張った自分……感謝の気持ちで満たした食事は、潜在意識にいい感情が入っていきます。

今日やってみよう

バスタイムと食事の工夫を考えてみよう

入浴が心地よくなるバスグッズを使う、入浴中にマッサージするなど、バスタイムに取り入れてみたい工夫をノートにメモしましょう。食事を1日3回できていない人は、できるような工夫を考えて、メモしておきましょう。食べる量の問題、生活リズムの問題……人によって理由はさまざまだと思います。どうすれば、1日の活動の中で、腸を動かすタイミングをバランスよくつくれるか検討してみましょう。

残り63日

眠気予防で食事を抜く人は食前に約200ccの水を飲むと睡魔を軽減できます。自律神経の変化を緩やかにするからです。

Day
18
健康⑪

コンプレックスは成長のバネ

誰しもが1つは持っているもの。それは「コンプレックス」かもしれません。コンプレックスには努力次第で変えられるものと、変えられないものがあります。変えられないことに思い悩み、あきらめて生きることは、潜在意識のバグを生みます。ここで、変えられないコンプレックスを消してみませんか？

頑張る動機に変える

解決できないことにコンプレックスを感じ悩むのは時間の浪費です。

背の高い低いは変えられません。高い人は高さを活かしたファッション、小柄な人は小柄な人が似合う服装があります。**変えられないものは思い悩むより、うまく利用する。**バネにしたほうがいいのです。

学歴も関係ありません。私は大学を中退したので最終学歴は高卒（今は再び大学で学び直し中）。それをバネにして本をたくさん読み、この人だと思った師からトコトン学び、実践して今の私があります。

コンプレックスは自分で思い悩んでいるだけのケースも多いです。他人は気にしないどころか、長所だと思っているかもしれません。顔にコンプレックスがあっても、あなたの笑顔と素直な心が他人からの好感度を高めてるかもしれませんよ。

コンプレックスに悩み続けることは潜在意識のバグとなります。**あなたならではの特徴を「嫌だ」という感情と一緒に潜在意識へ入れ続けている**のですから。健康にもよくありません。

コンプレックスは自分でそう思った時点でコンプレックス。むしろ、**それがあるからこそ頑張れると思う意識を潜在意識に入れて**いきましょう。

変えられないことは「だからどうした！」ぐらいの一種の見切りも大事なことです。

今日やってみよう

コンプレックスを書き出そう

自分のコンプレックスをノートに書き出してみてください。それは、自分が伸びるためのバネだと思ってください。そして、そのコンプレックスを活かす方法を考えてメモしましょう。

私は小柄なほうなので、以前は身長にコンプレックスがありました。でも、印象のよい悪いは背だけでは決まりません。小柄だからこそ、弾けるような元気さで逆に人々の印象に残ると考え直したのです。

残り62日

自分を「褒める」のも大切です。自己肯定感が高まり潜在意識が活性化します。ここまで本書を読んだ自分を褒めよう。

Day 19 健康⑫

今日から未来の自分を労わる

今回が、潜在意識を活性化してバグを修正する「健康」プログラムの最後です。毎日のメモで健康への意識が高まってきていることでしょう。ここで、改めてＤａｙ８で決めた「テーマ」と「映像」を振り返ります。果たして、あなたは自分が決めたストーリーに相応しい行動ができていますか？

Day 19

健康⑫

ストーリーに行動を合致させる

今回は「健康」プログラムの最終日。最初に決めた理想の「テーマ」と「映像」の振り返りをします。

例えば「元気に長生き」というテーマに決めたとしたら、イキイキと楽しそうにしている自分の映像を毎日思い浮かべたことでしょう。

元気に長生きというテーマで、素晴らしい映像を思い浮かべたとしたら、**それを実現するストーリーに必要な行動はできたでしょうか？** 毎日の食事の栄養バランスを考える、毎日10分のストレッチをする……などいろいろありますね。

行動を決め切れていない。決めてもあまりできていないとしたら、なぜできないのかを考えるようにしてください。そこに潜在意識のバグがあるはずです。

明日から「人間関係」についてのプログラムが始まりますが、そこにもバグを修正するアイデアはたくさん紹介しています。「健康」「人間関係」「仕事」「お金」は人生の重要な4面で、互いに影響し合いながら、人生の質を高めます。「仕事」に有効な考え方や方法は、ほかの3つの面にも有効なのです。

未来の自分を労わる気持ちで

1年後の自分がどうなっているかは何となく想像ができると思います。それが3年後、5年後となるとどうでしょうか。

夜眠って起きたら今日。明日になって、また眠って起きたら今日です。これから毎日の「今日」の過ごし方が半年後、1年後、3年後、5年後、10年後、さらにその先のあなたの健康に影響を与えます。

未来の自分がハツラツと健康に生きているためには、**健康の「テーマ」と「映像」を毎日確認すること、時に新しいものにアップデートすること**もお勧めします。

そして何より大事なのが、理想のテーマを実現するストーリーに必要な行動をとり、外れた行動をしていないかをチェックすること。

その毎日の積み重ねが、将来のあなたをつくるからです。

未来の自分を労わる気持ちで毎日を過ごしていきましょう。

今日
やってみよう

テーマと映像を振り返ろう

あなたが決めた健康ストーリーの「テーマ」と「映像」を振り返って、ストーリーから外れた行動の原因と対策を考えます。

「ストレスで暴飲暴食した」なんてことがあったら、そのストレスは何から感じたのかを振り返って、ストレスを回避する方法がなかったか考えてみてください。回避できないものだとしたら、健康を害さずに解消する方法を考えます。同じようなことがあったら、適度にスポーツをする、カラオケで発散するなどの代替案を試すのです。

このような振り返りを、今後定期的に行っていきましょう。

もし、なかなかストレスによる暴飲暴食が治らないなら、テーマを「ストレスなく健康に生きる」に変えてみてください。それを達成した自分をリアルに思い描き映像化。そのストーリーから外れた行動をとらないように日々チェックすればいいのです。

残り
61日

あなたは、「自分を知る」「健康」と2つのプログラムを19日間かけてやってきました。自分で自分をしっかり褒めてあげましょう。そして僭越ながら、私からも「頑張りましたね」と言わせてください。毎日1つ、潜在意識を活性化するプログラムをこなしていくことは、本当にすごいことですよ。

第3章

「人間関係」プログラム

Day 20 人間関係❶

この世を去る時に言われたい言葉

今日から「人間関係」プログラムの始まりです。人は自分だけで生きているのではなく、他の人とのかかわりの中で生きています。人と人の間で生きるから人間なのです。あなたは、周りの人とどんな人間関係を築きたいですか？　その思いを探るヒントは、自分の死に際にあります。

自分の最期にかけられたい言葉は？

「あなたがこの世を去る時、看取ってくれる人に言ってほしい言葉は何ですか？」

これは私にとって、人とのかかわり方の理想を気づかせてくれた質問です。私は周囲の人に「純子さん、あなたに出会えて本当によかった」と言ってほしいです。

ということは、普段から「出会えて本当によかった」と言われるように人と接し続けなければいけませんよね。

私は、「出会えて本当によかった」と思える人とお付き合いしています。その結果、私の周囲は学びに熱心で慈愛にあふれる素敵な人達ばかり。とてもよい人間関係を築いています。プライベートでは特にそうです。

仕事では、出会えて本当によかったと思えないどころか、出会いたくなかった人もいます。そういう人とはやるべき仕事を淡々とこなし、挨拶や社交辞令を上手にこなして付き合います。**出会いたくないと思う人がいることで、出会えてよかった人のよさをより感じる**ものですよね。

相手と自分、お互いに出会えてよかったと思える人間関係をつくる。すると、**お互いの潜在意識が慈愛の気持ちで満ち、活性化**していきます。

この世を去る時に、あなたが言ってほしい言葉は、あなたの人生というストーリーの「テーマ」と言っても過言ではないかもしれません。

今日
やってみよう

自分の最期に周囲から言ってほしい言葉を考えよう

あなたは亡くなる時に、何と言ってほしいですか？　あなたならではの言葉をメモしましょう。私とまったく一緒でも問題ないです。

書き終えたら、そう言ってもらえるように、今日からどんな行動をとるか考えましょう。

「かっこよかった」と思われたいなら、自分がかっこいい素敵だなと思う相手に、同じように自分も思ってもらうためにどうすればいいのか考えていくのです。

残り
60日

自分を振り返り、潜在意識について考える。あなたはこれをもう20日間くり返してましたね。そろそろ習慣として定着する頃ですよ。

Day 21 人間関係❷

人間関係ストーリーの「テーマ」と「映像」

人間関係で「失敗した」「苦手だ」と思った経験、誰しもが一度はあるものです。でも、同じ失敗は繰り返したくないですよね。そこでDay8の健康ストーリーでしたように、人間関係でもテーマを決め、テーマが実現した時の映像を思い浮かべます。そして実現するためのストーリーは、どんな行動をするべきかも考えていきます。

Day 21
人間関係❷

潜在意識と潜在意識のお付き合い

人間関係は、自分の潜在意識と相手の潜在意識のお付き合いです。潜在意識が活性化してよい状態であれば、自然とよい関係が生まれます。もし、**これまでの人間関係がうまくいかなかったのなら、あなたの潜在意識にバグがあります。**

今日ここで、人間関係の理想となるテーマを決め、それが実現したらどんな映像になるかを想像して、どんな行動をとるかというストーリーを考えましょう。それを毎日振り返り、行動をすれば、バグを修正できます。

前回の「世を去る時に言われたい言葉」が、人間関係のテーマの基になります。私は「出会えてよかった」という言葉。そこで考えた人間関係のテーマが「私と出会った方の心に喜びと安堵をもたらし、笑顔にしていく」です。

それを映像にすると、私と出会った方たちの笑顔がある情景が思い浮かびます。私に相談してくださった後、安堵の表情をしてくださるクライアントの顔です。

私が考えた取るべき行動は「明るく朗らかにする」「人に対して親切丁寧に接する」

「よい言葉を使い、相手の話をよく聞く」です。

テーマに連動した行動をすると、人に喜びを印象づけ、自分からも相手からも嫌な態度が出なくなります。潜在意識には「与えて受け取る」システムがあります。あくまで「与える」が先ですよ。

今日やってみよう

人間関係ストーリーのテーマを決めよう

昨日書いた「自分の最期に言われたい言葉」を参考に、あなたはどんな人間関係を築きますか？ それを理想のテーマにしましょう。

そのテーマが実現した時のあなたはどんな表情で、周りの人はどんな様子ですか？ 頭の中に浮かぶ映像を書き加えてください。

最後に、テーマと映像が実現するために、自分が取るべき具体的な行動を考えていきましょう。

残り59日

理想の自分を演じると、潜在意識に理想の自分が入り、現在の自分の行動、考え方が理想に近づいていきます。

Day 22
人間関係❸

相手を「許す」時には「リセット」する

同じ家庭で育った子供でも好みが違うように、まったく同じ潜在意識を持つ人はこの世にいません。いろいろな人とよい関係だけを築けたら思い悩まないのですが、人間関係の中でお互いの価値観が違うと、「怒り」「悲しみ」などのマイナスな感情が生じることはよくあります。そんな時、あなたはどうしていますか？

「許す」で悪い感情を乗り越える

人間関係とは人が望むことを提供し合う関係です。気が合う人ばかりならばスムーズですが、問題は気が合わない人の時。それでもまずは悪い感情を乗り越えて、お互いの望むことを提供し合いましょう。一種の「徳を積む」。潜在意識は「与えて受け取る」システムですから、**あなたが与えたよい行動は、あなたに返ってきます**。

悪い感情を乗り越えるには、「許す」必要があります。過去の自分を、他人の言動を、ネガティブな思いを持つ自分を許す、です。許すの語源は「ゆるむ」。許すと心と体がゆるんできます。ゆるんだところに、新たな思いや考えが入ります。

悪い感情で固く思考を結んだままでは、新たな思考が入り込む隙間はありません。許すと、優しさなどの肯定的な思考が潜在意識に入り、潜在意識が活性化します。

許すとは真逆に、**人間関係をリセットするのも1つの手段**です。私はかつて、仕事関係者は別にして「絶対に関係を保ちたい、必要な人」の連絡先だけを残し、思い切ってそれ以外の人たちの連絡先をスマホから削除しました。

すると困るどころか、素晴らしいことが起きました。よい人達が自分の人生に増え続けていき、ストレスゼロの状態に近くなったのです。

必要な人、いわば人間的に素晴らしい人達だけと付き合い始めたら、知り合い全員がよい人だらけ。よい人達は相手を認め、お互いの成長を助け合おうとし、悪口や不平不満、愚痴も言いません。自然と会話は楽しいものになります。

頑張っている人を見ると、自分も頑張ろうと思えます。**潜在意識がその人達の感情や行動を、自分の潜在意識に取り込むから**です。誰と一緒にいるかは大事です。

今日やってみよう

許せない思いや出来事を書き出そう

今まで持ち続けている許せない思いや出来事はどんなことですか？なぜ許せないと思ったのかをメモして、その思いはまだ自分の人生に必要かを考えてみてください。大抵の「怒り」「悲しみ」はすっと自分から離れていきます。

残り58日

Day 23
人間関係④

振り子の法則とミラーニューロンの法則

今回は人間関係に役立つ法則を紹介します。1つは、自分が相手にしたよいこと、悪いことは、やがて自分に同じ質量で返ってくる「振り子の法則」。もう1つは、脳にある「ミラーニューロン」という神経細胞を利用した法則です。こちらは、新しく人間関係を築く時に有効な法則です。

Day 23
人間関係④

自分と人を通して起こる

文句や愚痴、悪口を言う人ほど、人のせいにしていることが多くありませんか？あの人がこんなことをした、あの人が動いてくれない……冷静になって考えると、自分でやれることを人に頼っているから、文句や愚痴、悪口が出るのです。こういう人には愚痴や文句、悪口を言いたくなるようなことが、そのままの質量で返ってきます。**おもりが左右に同じような幅で触れる「振り子」のよう**です。

この「振り子の法則」をよいことに役立てていきましょう。人を褒めれば褒められます。親切にされれば親切にされます。与えて受け取る、潜在意識の特徴とも一致しますね。

潜在意識には自分の行動が入ります。それを再び似たような現象として再生する力を持つのも潜在意識。潜在意識の中に入っていないものは現実化しません。**よいことも悪いことも、すべては自分を通して起こる**、ということです。

ミラーニューロンをご存知ですか？　ミラーとは鏡。ニューロンとは神経細胞。脳内にある神経細胞の1つで、**見たものを鏡のように真似をしようと働きます**。
憧れの人がいたらその人を真似ようとするのも、ミラーニューロンの働き。これも潜在意識の特徴と一緒です。
潜在意識は相手の言動や行動、感情を取り込むと昨日のプログラムでお伝えしました。素晴らしい人やものと出会うと自分も頑張ろうと思えるのは、相手の潜在意識と混ざり合い、自分の潜在意識の質が上がるからです。逆に嫌な人やものの時には、嫌なほうへと引っ張られます。ミラーニューロンの法則は、人と人、人とものの潜在意識が混ざり合うことを脳科学的に証明したものでもあります。

今日
やってみよう

真似したい、学びたい人は誰?

真似したい、学びたい人は、どんな人ですか? どうしてその人を選んだのか、その理由も考えてみましょう。潜在意識に取り込みたい人の特徴を自分で理解していると、潜在意識がそういう人との出会いを用意してくれます。

残り57日

Day 24
人間関係⑤

大切な人へ心を言葉で伝える

感謝しているのに、愛しているのに、大切だと思っているのに……そんな思いを言葉にしてきちんと相手に伝えるのが苦手な人がいます。もったいないことですよ。言葉を相手に伝えるとは、相手の潜在意識に自分の意識を残すこと。しかも、それはプラスの言葉。相手は必ず潜在意識レベルで喜びますよ。

大切な人と潜在意識の「絆」をつくる

人に思いを言葉で伝えることはとても重要です。私もあなたも、いつこの世を去るかわかりません。さっきまで元気だった人が、心臓発作や事故などで亡くなることがあります。それは自分にも起こることです。

私はいつもこう思っています。

「急にこの世を去っても悔いが残らないよう、相手に伝えそびれが無いように言葉でしっかりと伝えておこう。私の言葉を相手の意識に残しておこう」

人に自分の心を伝えておくことは、相手のためでもありますが、何より自分のため。家族、友人、パートナー、心から愛している人、あなたにも大切な人がいることでしょう。あなたがその人に思っていることを会う度に素直に伝えておきましょう。

感謝の言葉、愛の気持ちを伝えましょう。その言葉を伝え続けることによって関係性が深まります。

心を言葉でしっかり伝えることは、自分の潜在意識と相手の潜在意識を結ぶ

「絆」を生むのです。

「恥ずかしいから」「そんなこと言わなくても伝わっている」と思い込んでいるあなた。それはまさに、**大事なことを伝えようとしない潜在意識のバグ**です。

今日
やってみよう

大切な人は誰ですか？

今日はあなたの大切な人の名前と、その人に感謝していることをノートに書きましょう。

その感謝の言葉を本人に伝えるとしたら、いつ、どんなふうに伝えますか？

具体的な日時、場所を決めて、シミュレーションしておきましょう。

そして決めた日時に、大切な人に感謝の言葉を伝えましょう。自分と相手の潜在意識によい感情が入ります。

残り
56日

ノートを時々見返していますか？　ドキッとした人、ぜひやってくださいね。そのノートは、潜在意識をよくするための情報ばかり記された魔法のノートですよ。

Day 25
人間関係❻

感じのよい挨拶とポジティブな言葉

2万人以上の人と接して、わかったことがあります。うまくいっている人、前向きに生きている人は、言葉遣いが丁寧でトーンが明るく、否定的な言葉を使いません。そして感じのよい挨拶をします。ポジティブな言葉、感じのよい挨拶はどちらも、自分にそして相手にプラスの感情を生み、潜在意識の状態をよくしてくれます。

Day 25
人間関係❻

言葉と現象は「双方向」

挨拶が人間関係のよし悪しを決めていると断言できます。ハキハキとして感じのいい挨拶は、互いの潜在意識にプラスのエネルギーが取り込まれます。

挨拶で気をつけたいのは、こんな話です。

「職場に挨拶をしない感じの悪い人がいて、、私も挨拶せず無視しています」よくある話ですが、無視し合っている様子は、周りの人からすればただの感じ悪い2人。そのマイナスな雰囲気は周囲の人の潜在意識に取り込まれていきます。

周りの人に感じが悪いと思われたら、そのマイナスのエネルギーをあなたは受け取ります。逆に、どんな人にも挨拶をする姿は、あなたへの評価を自然と高めます。プラスがプラスに作用する。これ、潜在意識の肝ですね。

人は、うまくいっている時には肯定的な言葉を使っています。「もっとやるぞ!」「あと少しだ。頑張ろう!」などです。逆に煮詰まっている時は「もうダメだ」「どうせ私なんて」「あきらめよう」「つまらない」……こんな言葉が 出てくるものです。

「双方向性」という言葉があります。**情報の伝達は、受け手にも送り手にもなる**という意味であり、ものごとは往復していて一方通行ではないということです。うまくいっている時、一見、**ポジティブな現象が前向きな言葉を生んでいるようですが、言葉がその現象を起こさせてもいます**。「嬉しい」と言うと嬉しくなる現象が起こります。よい言葉はよい人と現象を連れてくる。その逆もしかりです。言葉とは、その言葉の意味にピッタリな世界の扉を開ける鍵なのかもしれません。

今日
やってみよう

感じのよい挨拶とポジティブな口癖をつくろう

相手にどう受け取られるかを注意して、感じのよい挨拶を考えましょう。感じのよい挨拶をしている人がいたら、参考にするのもあり。そして、ポジティブな口癖をつくりましょう。「大丈夫、うまくいく」でもＯＫ。そのひと言が、自分をポジティブに引き戻すのに役立ちます。

残り
55日

Day 26
人間関係❼

人は見た目が100%

「人は見かけじゃない」とよく言われますが、それは大きな間違い。人は見た目で決まります。「内面が伴わないとダメ」と言う人もいますが、内面にある潜在意識が、どの服を着る、どんな体型でいたいかなどを決めています。言葉遣い、振舞いまでもです。見た目には内面が表れている。人は見た目で判断すべきです。

見た目で「なりたい自分」を潜在意識に取り込む

見た目はその人の内側にある意識が反映されています。あなたが身に着けているものはすべては自分で選んだものです。体型や言葉遣いもそうです。**あなたが自覚できる意識に色濃く影響を与えているのが潜在意識ですから、あなたの外見は、潜在意識によって表されたもの。**つまり、外見でその人のことを判断できるのです。

初対面の人に持つ印象を、多くの人が見た目で決めています。ビジネスで初めて会う人で、服がだらしない、ノーメイクという人に出世している人、よい人間関係を築いている人を私は知りません。

自分の内面、潜在意識は外見に反映される。逆に言えば、**自分の外見を理想的になるように意識すれば、潜在意識に理想の自分を取り入れられます。**

私は、元気で明るく清潔感があり、自分の芯がしっかりとあるように見える服を選んでいます。人にそう思われると同時に、自分の潜在意識にそのような自分を取り入れています。あなたは、どのような自分を取り入れたいですか？

人は過去に学んだことと、経験したことによってつくられています。経験はデータです。ならば、あなたの目の前に現れる人は、その人が生まれてからほんのさっきまで、その人が経験したデータのかたまり、まさに潜在意識ですね

そう考えると、**快く思えない人に怒るのは無駄**です。その人の言動と行動は過去のデータによるものだからです。今のその人に怒ったところで意味がないのです。その人を変えたいなら、そっとこの本をプレゼントするぐらいしかありません（笑）。

潜在意識に入っている過去の情報が人の行動を決めていることを理解しましょう。

今日
やってみよう

これからどんな見た目になりたい？

あなたは、どんな見た目になりたいですか？　思いつくままにノートに書きましょう。その見た目に近づくために、どんな工夫ができるかも書き加えます。体を引き締めたいなら、それを実現するための計画を練るのもいいでしょう。なりたい見た目が、次第にあなたの潜在意識に取り込まれ、理想の外見に近づきます。

残り
54日

Day 27
人間関係⑧

褒め言葉と疑問に「素直」であれ

成功者の多くが大切なこととしてよく挙げるのが「素直」です。僭越ながら私も、生きるうえでとても大切な要素だと思います。「素直」とはバカ正直とは違います。さまざまなことを自分事として受け入れられる能力です。人間関係でも「素直」であるべき場面があります。解説しましょう。

Day 27
人間関係⑧

素直さが潜在意識によい！

「お肌が艶やかでおきれいですね」と、人に褒められると嬉しいですよね。そんな時には「ありがとうございます。嬉しいです」と、素直に受け取ってください。

でも、「いえいえ」と受け取らない人がいます。私のクライアントさんが以前に面白い表現をしていました。褒め言葉を受けて「いえいえ」と胸のあたりで手を動かす仕草のことを「いえいえワイパー」と名付けたのです。

この「いえいえワイパー」は厳禁。**褒め言葉を素直に受け取らないと、相手の心を拒否することになり、とても失礼なこと**になりますよ。

褒められたら、素直に受け取り、お返しのひと言の時に相手を褒めればいいのです。褒め合ってお互いの潜在意識を活性化していき、よりよい人間関係を築けていけます。

素直と言えば、疑問を持った時には、素直に聞くことも大切です。「聞くは一時の恥、聞かぬは一生の恥」。英語にも「Ask much, know much（大いに聞いて大いに知れ）」という言葉があります。

聞くことで会話が弾み、よりよい関係になることもあります。質問したら、親切に教えてくれる人、鬱陶しがる人がいますが、聞くだけで相手の人間性もわかりますね。この世は知らないことだらけ。調べるより、聞くほうが時間の短縮できますよ。あなたが誰かに質問された時には、親切かつ精一杯、答えましょう。与えて受け取る、です。**親切に教えたら、あなたに親切に答えてくれる人を引き寄せます。**

今日
やってみよう

気持ちを素直に受け入れてみよう

褒められて嬉しかったことをノートに書いてください。思いつくかぎり、何個でもいいです。だいぶ昔のことでもOKです。褒められて、ついい「いえいえ」とやっていたら、今、素直に受け止めてください。そして、相手をお返しで褒める言葉を考えましょう。

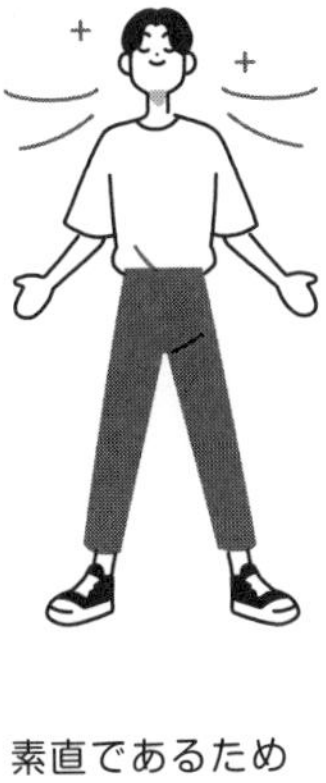

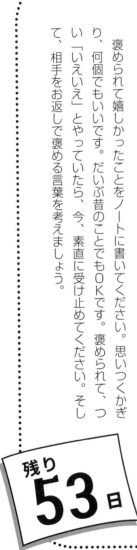

素直であるためには、すべてを自分事として捉えることが大切ですよ。

残り
53日

Day 28 人間関係❾

親への感謝を100個書く

自分の親にカチンとくる！　親との関係でちょっとイライラしたこと、よくありますよね。絶縁になるくらいの大喧嘩をしたことがある人もいるかもしれませんね。いずれにしても親子関係では、マイナスの感情が生まれることが多いです。そんな時に、今回の話が役立つはずです。

よその人ならイライラしない

親との関係について、よく相談を受けます。その中には「親にものすごくカチンときます。どうしたものでしょう？」といった相談があります。

なぜ、カチンとくるのかというと、自分の親だから。家でだらしない、人に干渉しすぎる……そういうことでカチンとくる人が多いようです。でも、考えてみてください。よそ様の親御さんだったら「そういう人もいるよね」で終わりませんか？

私も親に感謝しておりますが、時には「？」と思うことがあります。「？」の時にはよその人だと思い、自分の親が素晴らしいと思える時には「さすが私の親！」と、都合よく考えるようにしています。結果、親との関係性はとてもよいです。

親を好きになれない人がいました。私は「それでいいですよ」と答えました。すると、その方は泣き出しました。これまで誰に相談しても「育ててもらったのに何を言うのですか」「親のよいところを探しましょう」と言われて苦しかったのです。

好きではないのに、好きになりましょうなんて拷問です。親を好きになれない理由を他人がわかるはずもありません。しかし、**好きになれなくても感謝はできます**。学校に行かせてくれたこと。ランドセルや制服を用意してくれたこと。ご飯も食べさせてもらったはずです。生まれてから、独りで育った人など誰もいませんよね。親にしてもらったことを1つ1つ思い出してみてください。感謝できることはたくさんあるはずです。

感謝できることを思い出していくと、ひょっとしたら、ちょっぴりでも親を好きになれるかもしれません。

今日やってみよう

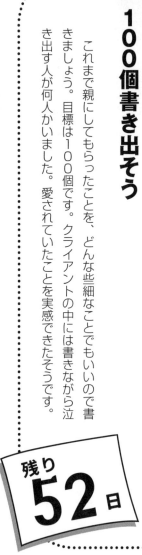

親にしてもらったことを100個書き出そう

これまで親にしてもらったことを、どんな些細なことでもいいので書きましょう。目標は100個です。クライアントの中には書きながら泣き出す人が何人かいました。愛されていたことを実感できたそうです。

残り52日

Day 29
人間関係⑩

親との思い出から感情の原点を探る

今日は、昨日に続いて親への感謝を１００個書き出していきます。書き出していくと、親とのいろいろな思い出が浮かんでくると思います。その思い出がポイントです。私たちの「嬉しい」「悲しい」「つらい」という感情は、その頃の体験と紐づいているからです。親との思い出を振り返ってみましょう。

Day 29
人間関係⑩

潜在意識に受けた親からの影響

「親にしてもらったことを100個書き出そう」は、親との思い出を書き出す作業でもあります。親に感謝しながら、いろいろな思い出がよみがえってきたのではないでしょうか？

感謝することを思い出しながらも、悲しかったこと、つらかったことも頭に浮かんだと思います。あなたの人生の中で親と過ごした時間はとても長いもの。その体験は、すべてあなたの潜在意識に入っていて、今の人生に大きく影響しています。

あなたが今、嬉しいと思えるようなことは、親を通して学んだものが多いです。つらく悲しいと思えることも同様。**自分が何を嬉しいと思い、何を人から言われるとつらいのかは、潜在意識に入っている経験に反応したもので、親からの影響がとても強い**のです。

親との体験を思い出すことを通して、今の自分の喜怒哀楽が、どの体験と紐づくかを確認しましょう。これからの人生に大きく役立っていきます。

現在の嬉しい体験をきっかけに過去の嬉しい体験を思い出せば、二重の幸せに浸れます。いま嫌だと思うことも、過去の嫌な体験がきっかけだと認識できれば、過去の自分に引っ張られてはいけないと自覚できます。**過去の現象（データ）に反応しただけと思えるだけでも、ネガティブな思いを手放せていける**ものです。

親との嫌な思い出があっても、その思い出（経験）がバネになり、いま頑張れていることもあるはず。そう思うと親への感謝はより深まるものです。

今日
やってみよう

親との思い出を振り返り
その時の自分の感情を書こう

親に感謝できることを引き続き書いてください。100個書き出すくらいの気持ちで頑張りましょう。書きながら親との思い出を振り返り、その思い出に対してどんな感情（思い）を持ったのかも書いていくといいですよ。

残り
51日

プログラムが進んでも、親への感謝を思い出したら、書いていきましょう。

Day 30
人間関係⑪

他人の生き方を認める

家族や親しい友人など関係性が近い人に対して「これは違う」「あれはダメだ」と干渉していませんか。人それぞれで潜在意識が違うように、まったく同じ生き方は存在しません。生き方の違いについては、口出しすることよりも「認める」ことで、あなたの成長へとつながります。

認めることで気づきを得る

近しい関係や家族間などでは、つい人の生き方に干渉しがちです。特に多いのが親子。生き方は経験や知識をもとにつくられたもの。つまり、潜在意識がつくりだしたものです。子供は親の影響を受けるとはいえ、潜在意識に入っているデータは違います。子供は自身が持つ潜在意識のデータで生き方や今後の方針を決めています。

その事実より、自分の道が正しいという思いが強いのは、**自分の潜在意識への過信、バグ**です。

あなたが親なら、あれこれ干渉するのはよくありません。親が子供にできることは、子供の潜在意識にとってよいものを提供し続けることだけです。

そもそも、人の生き方を認めない、認めたくないというのは、単なる支配です。人は与えたものを受け取ります。支配すると、やがて支配されますよ。

生き方の違いを認めると、人生は豊かになっていきます。**人の生き方を認めれば認めるほどに「こういう考え方もあるんだ」と気づきが多くなる**からです。

気づきの多い人ほど、意識が拡大します。意識が拡大すると、さらに多くのことに気づくようになります。試せることも多くなります。**人の豊かさとは気づく量**でもあるのです。

今日
やってみよう

あなたが快く思えない生き方をしている人は？

あなたが快く思えない生き方をしている人と、快く思える生き方をしている人を書き出してください。

快くないほうは、当然あなたの価値観と違います。快く思うほうはあなたの価値観に近いものです。

両者を見比べて、その価値観の違いを認識してください。

そのうえで、快く思えない生き方をしている人に、あなたはこれからどのような心で接していくかを決めましょう。

残り
50日

支配欲が捨てられないなら、相手からいったん離れましょう。気持ち的にも物理的にも遠くで見守るくらいが、あなたと相手にはちょうどいい距離感なのです。

Day 31
人間関係⑫

「テーマ」と「映像」を振り返る

人間関係プログラムの最後は、Day21で決めた「テーマ」と「映像」を振り返ります。ノートを出して、その日にメモした内容を確認してください。今回は細かい説明は無しで「今日やってみよう」だけ。テーマを実現するための行動を実践できているか？ そもそもテーマはこれでいいのかなども振り返りましょう。

今日
やってみよう

テーマの実現に向けて行動をしていますか？

人間関係について理想のテーマを決め、それが実現した時の映像を思い浮かべて、実現に向けて取るべき「行動」を決めたはずです。その行動をできていますか？

もしできていないとしたら、どんな工夫をしたら、できるようになりますか？　それをノートに書いてみましょう。

今日は人間関係プログラムの最終日です。

あなたのノートに書いてある人間関係に関する部分を読み返して、実践できていること、できていないことをチェックしましょう。

もしできていないことがあったら、どうしたらできるようになるかを考え、該当箇所にその工夫を書きましょう。

人間関係の潜在意識をもっともっとよりよいものへと自分で導いていきましょう。

残り
49日

明日からは次のプログラムが始まります。テーマは「仕事」です。もし人間関係についてもう少し振り返りたければ、その時間をとってから、次のプログラムに移ってくださいね。「急いては事を仕損じる」です。残り50日を切りました。あなたなら、続けられますよ！

第4章

「仕事」プログラム

Day 32 仕事❶

世界は自分の仕事で成り立っている

「そんな大袈裟な」と思わないでくださいね。自分にも他の誰かにも役立つこと、世界の誰かに必要とされていることが、仕事です。つまり、仕事が無ければ、今の世界は成り立たないのです。あなたは、そんな偉大な仕事の1つを担っているのですから、悩むのも当然。今日から始まる「仕事」プログラムで解決していきましょう！

この世界に必要だから仕事がある

世界は誰かが行う仕事で成り立っています。あなたの仕事も世界を成り立たせる大事なひとコマです。世の中に不要な仕事など1つもありません。すべてが必要です。

私のクライアントには、さまざまな職業の方がいらっしゃいますが、どの人の職業が欠けても、世の中はうまく回らないだろうと思います。

クライアントの1人に自動車教習所の教官をしている方がいます。彼にクルマの運転を習った人たちがクルマに乗って仕事に行く、誰かのお迎えに行く、ドライブを楽しむと思うだけで、私も嬉しくなるような映像が浮かんできます。

自分の仕事は誰かに必要で、自分の仕事も世界をつくっていると思うだけでも、少し誇らしい気持ちになりませんか?

仕事に対して、そのように考えることが潜在意識を活性化し、多くの人に貢献できる仕事をするというモチベーションにつながります。

掃除洗濯などの家事も立派な仕事です。お弁当作りも、美味しく食べてくれる家族の心とお腹、何より健康を支えています。

玄関で「いってらっしゃい」と言葉をかけるのも大きな仕事の1つ。気持ちよく送り出せば、家族の気持ちが安らぎ、その日1日の家庭を守ることにもなります。

自分なんか誰の役にも立っていないと思う心、それは潜在意識のバグです。

ほんの少しでもそんな気持ちが起ったら、私の仕事も世界を成り立たせている1つだと自分を鼓舞してくださいね。

今日
やってみよう

自分の仕事が誰にどのように役立っているか？

あなたの仕事は、誰に、どのように役立っていると思えますか？ノートに書いてみましょう。「誰に」は家族、顧客、社会などさまざまですね。どのように役立っているかでは謙遜や遠慮は捨ててください。仕事の悩みも一旦置いて考えましょう。

残り
48日

仕事が自分以外の人にどのように役立っているかにフォーカスしましょう。

Day 33
仕事❷

仕事ストーリーの「テーマ」と「映像」

「健康」「人間関係」でもやってきたように、仕事で成し遂げたい理想のテーマを決め、テーマが実現した時の映像を思い浮かべましょう。そして、それが叶うためにはどんなストーリー（行動）が必要かも考えていきます。すぐに思いつかない人は、昨日、自分の仕事についてメモした内容が、テーマ決めのヒントになるはずです。

Day 33 仕事❷

理想の「テーマ」を決める

「健康」「人間関係」と同様に、仕事でも理想の「テーマ」を決めて「映像」を思い浮かべましょう。テーマとはあなたが仕事で実現したい理想です。映像は実現した自分の姿や表情、思い、その時の周りの人の反応をリアルに想像することです。

テーマと映像があっても、それを結びつけるストーリーが必要です。ストーリーと言っても難しい話ではありません。仕事のテーマが実現して、映像のようになるためには「何をすればいいか」を考えるのです。

まずは仕事のテーマを決めていきましょう。**なかなか思いつかないという人は、昨日ノートに書いたことが役立ちます**。「自分の仕事が誰にどのように役立っているか？」についての答えが、テーマづくりのヒントになります。

私のテーマは、「多くの人によりよい生き方を提供する」「潜在意識の活性化を多くの人に伝えていく」です。潜在意識行動学をもとにコンサルタントをしている私の仕事のキャッチコピーのようですね。

思い浮かべている映像は、「周りの人が、お互いを尊重し、お互いに傷つかない世界」で「みんなと笑顔で過ごしている自分」です。
テーマと映像を持っていると、潜在意識がそれを叶えようと強力に動いてくれます。

今日
やってみよう

仕事ストーリーのテーマを決めよう

あなたが仕事で実現したい理想は何ですか？　それをテーマとして、ノートに書きましょう。そして、理想が実現した時の映像を思い浮かべてください。自分の表情、周りの人の反応も想像して、ノートに書き加えてください。

最後に、理想のテーマを実現するためには、どんな行動をしたらいいでしょうか。実際の仕事の場面に落とし込み、具体的な行動を考えてみましょう。

残り
47日

「健康」と「人間関係」のテーマと映像を振り返っていますか？　行動ができているか確認するため、気持ちを上げるために時々振り返りが必要ですよ。

Day 34 仕事❸

デスク周りを整理整頓
字は丁寧に！

社会人1年目の人が教育係の先輩に最初に言われることのようですね。あなたのデスク周り、繁忙期などを理由に資料の山になっていないですか？　伝言メモや手紙などを書く時に、丁寧に字を書けていますか？　整理整頓と丁寧に字を書く、実はこの2つ、潜在意識の視点で見ても、とても大事なことです。

「必要」を潜在意識に取り込む

デスク周りを整理整頓するだけで、頭の中や気持ちがスッキリしますよね。これ、潜在意識にもクリアさを与えています。

あなたのデスクは不要なものと必要なものが混在していませんか？

デスク周りに置くものは必要なものだけにしましょう。見た目や仕事の効率の話だけではありません。常にデスク周りを「必要」なものだけにしておくと、必要な人、仕事、お金が入ってきます。整理整頓で必要なものだけを選別する作業が、潜在意識に「必要」を取り入り、引き寄せてくれるからです。

ところで、伝言メモや手紙などを書く時に、丁寧に字を書いていますか？

字は、書く人のエネルギーを纏います。字を見ただけで誰が書いたかわかるのは、受け取った人の潜在意識に入るから。書いた人のエネルギーが字の特徴やクセとして表れ、書いた人の思いとともに伝わるからです。

読みやすく、丁寧に、心を込めて字を書く。うまい、ヘタは関係ありません。相手を思い浮かべながら書くと、より素敵なエネルギーが入ります（会ったことのない人であれば想像で構いません）。伝言メモやお礼のひと言を書く時も、一緒です。

あなたの潜在意識のエネルギーは、字を通して相手の潜在意識へと伝わります。いい加減な気持ちで書いたり、慌てて書いたりすると、それも伝わりますよ。

あなたが何かを習いたいと思っているのならば字を習ってみるのも一案です。ちなみに私は白水春鷲先生から毎月オンラインで硬筆を学んでいます。**習い事は潜在意識によい情報を上書きしてくれます。**

今日やってみよう

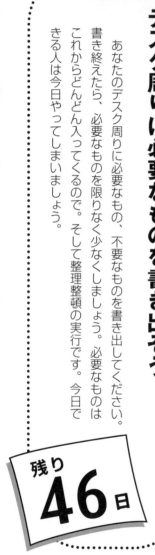

デスク周りに必要なものを書き出そう

あなたのデスク周りに必要なもの、不要なものを書き出してください。書き終えたら、必要なものを限りなく少なくしましょう。必要なものはこれからどんどん入ってくるので。そして整理整頓の実行です。今日できる人は今日やってしまいましょう。

残り46日

Day 35 仕事④

目的と意味を明確化して実行する

どんな仕事にも目的があります。その目的を達成するためにひとつひとつの仕事に意味が出ます。アスリートは、自己最高記録を出すことを目的にしてトレーニングを行いますが、意味のない練習をしません。トレーニングには目的を果たすための意味が込められています。あなたは、今の仕事の目的と意味を理解していますか？

Day 35 仕事④

「目的」と「意味」が最適な行動を促す

仕事には「目的」があります。営業には売上を立てる、上げるという目的、経理は会社のお金の出入りを管理するという目的があります。伝票を書いたり、帳簿をつけたりする意味はその目的のためです。

「意味」は、なぜその仕事を行うのかという目的がハッキリしているほどに鮮明になります。

伝票書きの意味は何か、自分にとって会社にとっての意味は何かと考えて行うと、仕事の目的が見えてきます。そうすると、雑用という仕事がないことに気づくはず。

私は多くの方から「仕事ぶりが丁寧ですね」「よくあれほどの量をこなしていけますね」という声をいただきます。みなさんの声、とても嬉しいです。私は仕事の意味と目的を自分の中で明確にしているので、それを淡々と実行しているだけなのですが、実行するほどに、みなさんから高評価をいただいています。ありがたいことです。

私の仕事の1つに「ブログを書く」があります。目的は、多くの方の人生を向上させ、自分の成長と経済力を得るためです。意味は、より多くの方に私と私の考え方を知っていただくためです。その目的と意味のレベルを上げるために、日々淡々と努力をしています。

目的と意味がわからずダラダラとやったり、やっつけで終わらせる仕事を、無駄な仕事と言います。多くの人は、仕事の時間が1日の中でいちばん長いはず。手を抜いて無駄な仕事をしたら、自分の人生の多くが無駄な人生ということになります。

今日やってみよう

仕事の意味と目的を考えよう

今やっている仕事や家事の意味と目的を考えて、メモしましょう。仕事全体ではなく、あなたが無駄だと思う1つの作業でもいいです。

目的から考えると意味を見つけやすいです。コピーをとる目的が「会議の資料で使用する」だとしたら、意味は「短時間で同じ情報を共有する」などが考えられます。この資料が乱雑にコピーされ、ページの順番を間違えたものだったら……仕事の意味と目的に合致しないですね。

残り45日

Day 36
仕事❺

仕事は常に「うまくいく」

あなたはどんな気持ちで普段の仕事に取り組んでいますか？　心のどこかで「どうせうまくいかない」と思ったりしていませんか。「何も考えていない」「ただ目の前の仕事をこなしているだけ」という人もいるかもしれません。いずれも今日を境に改めましょう。仕事は、常に「うまくいく」と思いながら、やるのです！

仕事がうまくいく人の条件

仕事で成功していく人は、常にどうすればうまくいくのかを考えて、足りないものを補い、不要なものや思考を削ぎ落とし、頭の中に段取りを持って行動しています。

なぜ、そうなのかと言うと、常に本気で「仕事はうまくいく」と思っているからです。うまくいくことが前提になっているからこそ、仕事の結果にこだわれるのです。

逆にうまくいかない人は何も考えず、ただ仕事をしています。

これは、家事でも同様です。時間というものを「惰性の仕事（家事）」というかたちで過ごしています。そこに、社会への貢献という意識、自分や家族のよりよい人生のためにという考えは、残念ながらありません。

個人コンサルティングやセミナーで、私がいつも言っていることがあります。ブログにも書き続けています。

「人生でいちばん費やす時間は仕事ですよ」

ですから、仕事がうまくいく人は、人生もうまくいく人なのです。

Day 36

仕事❺

些細なことでも、どうすればうまくいくのかを考えながら仕事をする人と、何も考えずに仕事をする人とでは、のちに天と地の開きが出ます。

うまくいくとそれが成功体験となっていきます。潜在意識に成功体験を入れ続けることで心にゆとりが生まれます。こうなると想定外の出来事も想定内の出来事として対処できるようにもなります。リスクを事前に考えて、自信のある行動をとれるようになります。

仕事がうまくいくためにはさまざまな要素が考えられます。スキルも大事ですが、服装や言葉遣い、気づかい、睡眠時間や食事のとり方も考慮が必要ですね。

仕事はうまくいくことを前提に、あらゆることを想定して取り組んでいきましょう。うまくいくと思えば、できます。いかないと思えばいきません。そういうものです。単純に考えてみてください。まったく同じ内容の仕事をする場合、うまくいくと思いながら仕事をする時と、うまくいかないと思いながら仕事をする時、どちらのほうがよい結果を得られると思いますか？

うまくいかないと思いながら仕事をするのは、潜在意識のバグです。うまくいくと思いながら何もしないのもバグです。バグを修正するには、**うまくいくと常に意**

識し、それに基づいた「行動」「努力」を続けること。願うだけでは叶いませんよ。意識が行動や努力を生み、うまくいくことを現実化する。人生はそのくり返しです。覚えておきましょう。

今日やってみよう

あなたの仕事はどうすればうまくいく？

あなたの仕事は「必ずうまくいきます！」。私も心からそう思います。では、どのようにすれば、うまくいくと思いますか？　そのために必要な行動や工夫は何でしょうか？　思いつくままにノートに記し、実践してみましょう。

思いつかない人は、身近な人で仕事がうまくいっている人を観察、あるいは話を聞くなどして、そこで得られた工夫や行動を、自分の仕事に当てはめて試してみてください。

残り44日

仕事に煮詰まったら、散歩や背伸びなどして「うまくいく」と切り替える。日常的な行動と気持ちを紐づけるスイッチを持ち、常に「うまくいく」を意識しよう。

Day 37
仕事❻

「隠れ」締切日を設定する

仕事には、期限内に書類やレポートを提出することがあります。いわゆる「締切日」です。みなさんも締切に間に合うように慌てて仕事をした経験があるのではないでしょうか？　でも、仕事相手が設定した締切日を守ることばかりに意識が行くと、その意識を潜在意識が取り込み、クオリティーの落ちた仕事になりますよ。

自分用の締切日をつくる

締切日は大きく分けて2つあります。仕事などで相手から提示された締切日と、自分の中で設定した締切日です。

仕事がどんどん進む人、しかも精度が高く進む人には、締切日について特徴があります。それは提示された締切日の前に自分の締切日をつくり、自分の締切日を守って早めにつくり上げたものを何度もチェックできる人です。

あとにあとにと仕事を押しやり、提示する日時に慌てて提出をするようでは精度の高い仕事ができるはずがありません。前もって仕上げておくと心にゆとりが生まれ、そのゆとりが精度が高めます。バタバタ慌てると、当然仕事も雑になりますよね。

仕事を丁寧にしっかりと仕上げていくには、自分の中での締切日をつくり、それを守るために時間配分を考えながらムダなことをせず、ひたすら淡々と行うことです。

ちなみに、仕事相手に聞かれないかぎり、自分の締切日を相手に伝える必要はありません。だから私は、自分の締切日を「隠れ締切日」と呼んでいます。

Day 37 仕事❻

仕事には多くの人が絡みます。仕事が丁寧で早い人は、多くの人からの信頼を得られます。だから、仕事がどんどんきます。それもよい仕事がやってきます。仕事が来ない人は仕事が遅くて雑だからです。

他人の意識は自分の人生に大きく作用します。仕事が丁寧で早い人だと多くの人に思われると、仕事で丁寧で早いという状態を受け取り続けられます。まさに意識の現実化です。

人の行動はパターンでできています。良いことも悪いことも同じようなくり返しをします。雑な仕事で締め切りギリギリをくり返すとそれが行動パターンとして定着し、潜在意識のバグとなります。悪いほうの意識の現実化ですね。

人にどう思われたいかを意識しながら仕事をすることが、ポイントです。

あなたは仕事が丁寧で早い人だと思われたいですか？

仕事が雑で遅い人だと思われたいですか？

仕事をしていくとはそういうことを意識する必要があるのです。

今回の「今日やってみよう」は、仕事で受け取るであろう他人からのあなたへの評価だと思ってください。①〜⑥の選択肢が用意されていますが、①が評価が高く、数字が大きくなるほど評価は下がります。⑥は最低評価です。今の自分に正直になって、チェックしてみましょう。

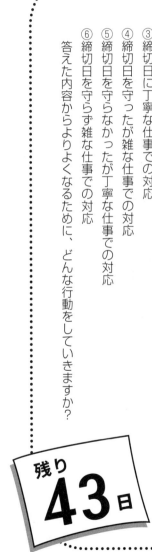

今日
やってみよう

締切日への意識をチェックしよう

今まで、仕事などの締切日にどのような対応していましたか?

①丁寧な仕事で締切日より早めの対応
②締切日より早いが雑な仕事での対応
③締切日に丁寧な仕事での対応
④締切日を守ったが雑な仕事での対応
⑤締切日を守らなかったが丁寧な仕事での対応
⑥締切日を守らず雑な仕事での対応

答えた内容からよりよくなるために、どんな行動をしていきますか?

残り
43日

出世が早い遅い、年収の高低も①から⑥の順と思ってください。①の人は出世が早く、年収も高い傾向にあります。今⑥だとしても、これからですよ!

Day 38 仕事⑦

仕事では「連絡」がいちばん大事

仕事では「ホウレンソウ」が大事だと言われます。報告、連絡、相談ですね。中でも私は「連絡」がいちばん大事だと考えています。報告や相談する時はまず「連絡」をしますよね。単純な話、「連絡」無くして報告も相談もないからです。今回は仕事でもっとも大事な「連絡」について、潜在意識に正しい意識を入れていきましょう。

仕事は1人で完結しない

多くの仕事は、自分1人で完結しません。会議やイベントを1人で行うことはありません。素材を入手する人、それでものをつくる人、販売をする人……同じ会社だろうと別の会社だろうと、多くの場足は次の仕事を受け持つ人がいるものです。だから仕事相手とは、常に意思疎通を図る必要があります。物事をスムーズに運び、よりよい仕事をするため。トラブルを避けるためです。

正しく連絡を行っていれば、常に安心した気持ちで仕事ができますよね。

連絡については、実は**伝えづらい連絡の時のほうが重要で、潜在意識にバグを起こしやすい**です。

トラブルが起きた時や、伝えづらいことが起こった時です。そんな時に、相手の人間性、潜在意識が出ます。そこでの対処の仕方で、お互いの人間関係がより深まる時もありますし、縁が切れていくこともあります。

Day 38
仕事⑦

私事ですが、生き方についてのグループセッションの依頼を受けたことがあります。日時と場所も決まり、あとは当日を迎えるのみ。ところが前日になって、グループセッションの参加者の1人から連絡をもらいました。

「純子さん、明日はとても楽しみにしていたのに、グループセッションが無くなったそうですね。またお会いできる日を楽しみにしています」

私はその時、主催者から中止の連絡をもらっておらず、とても驚きました。当日になっても連絡はありません。どういう経緯で中止が決定したのかはわかりませんが、伝えづらいことがあると連絡できなくなる典型例です。

「開催できない、どうしよう」「相手に怒られるかもしれない」そんなマイナスの感情が潜在意識に広がり、連絡できなくさせるのです。

こういう人は、**「問題が起きたから解決しなきゃ」と潜在意識がプラス方向の行動を促すように、修正**しなければなりません。

連絡しづらいことが起こった時こそ、より丁寧なお詫びも添えて、迅速に連絡を行うことが何よりも大事です。

これまで多くの人と仕事をしていますが、伝えづらいことを言葉を選びながら早めに連絡していることに気づきます。その丁寧さと人間性をかわれて、逆に仕事の依頼が増えるのです。言いづらいことは誰しもが言いづらいのです。だからこそ、丁寧な対応をすると仕事で突き抜けていきます。

今日やってみよう

素早く連絡を取り合えた経験、連絡が滞ってしまった経験

素早く連絡を取り合ってよかった経験はありますか？　逆に連絡が滞ってトラブルが起きたことはありますか？　どちらも思い出せるかぎり、ノートに書き出しましょう。

そして、連絡方法や連絡を取り合う質を高める工夫を考えていきましょう。メールに「重要」フラグをつける。毎朝必ず「連絡時間」を設定して、連絡すべき相手と連絡事項をチェックし、時間内に連絡をするなど、あなたなりの工夫で大丈夫です。

「相手が怒る」からと連絡を先延ばししても、遅れた分、怒りが増すだけ。自分も嫌な気持ちが続きます。「嫌なことは早くやる」です！

残り42日

Day 39
仕事⑧

毎日やることを決めて自分を育てる

毎日本書を開き、読み、考えて書くという一連の作業が習慣化し、気づきを得られているなら、私としてはこのうえない喜びです。すでに39日目、ほぼ半分まで来ましたね。毎日「やってみよう」を続けているあなたなら、きっとできることをこれから紹介します。仕事の面でも毎日やることを決めてみませんか？

「続ける」ことを持つ

仕事はお金を得るための手段であるだけでなく、自分を育てるツールでもあります。そのためには何か1つでもいいので、「毎日これをやる！」を決めて実行するといいです。自分で決めて自主的にやっていくことが、より自分を育てます。

私にとってはブログを書くことがそれにあたります。毎日ブログを書き続けるためにたくさんの本を読み、知識を自分に与え続けます。与え続けたものが潜在意識の中に入り、文章を書きながらそれらが統合されてアウトプットされていきます。文章を書くと、多くの気づきも得られますね。

1日も休まず365日ブログを書き続けると精神力も鍛えられます。私も人間です。正直、面倒だと思う時も眠い時も体調が悪い日もありますが、それでも書き続けてきた結果、自分が育ち、多くのクライアントに恵まれるようになりました。

みなさんも仕事に関することで、何か1つ「これを続ける」を持ってみてください。日々やり続けることで、急激な成長を自覚できなくても、ふとある日振り返った時にとてつもなく大きな成果を得ていることに気づくでしょう。

Day
39
仕事⑧

毎日やり続けることは成功体験にもつながっていき、自分の成長とともに潜在意識を活性化していきます。

デスクを片づける、挨拶を自分から行う、英語の勉強を頑張る……毎日続けたいと思うこと、自分の成長につながることはたくさんあります。あなたにとって、これだけは必ず続けてみようと思えることが見つかるといいですね。

潜在意識はリピートで強化されていきます。リピートしていくことで習慣化もされます。習慣になってしまえば、やらないと気持ち悪さまで感じるようになります。

そこまで自分をつくり上げたら、どんどん成長していけます。

そして、続けている自分を必ず褒めましょう。「よくやっている」「頑張っている」「えらい！」……成長を続けることを肯定的に潜在意識に入れていくことが、続けるための手助けになります。

私のバイブルの1冊に外山滋比古先生の『思考の整理学』（筑摩書房）があります。

そこに、植物の地上に見えている部分と地下にかくれた根がほぼ同形でシンメトリーをなしているというお話がありました。人間を植物にたとえると、根の部分とはまさに潜在意識。**毎日やることを実行し続けることは、潜在意識の中に根をつくり続**

けることになります。それが下に横にと長く伸びた分、あなたの人生に現象となって現れます。努力は人を裏切らないとはそういうことです。

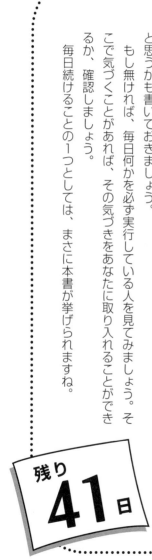

今日
やってみよう

続けることを見つけよう

自分を育てるために、あなたは仕事関連（家事を含む）のことで毎日何を実行していきますか？　ノートにメモしましょう。

今まで続けてきたことがあるなら、それがあなたをどのように育てたと思うかも書いておきましょう。

もし無ければ、毎日何かを必ず実行している人を見てみましょう。そこで気づくことがあれば、その気づきをあなたに取り入れることができるか、確認しましょう。

毎日続けることの1つとしては、まさに本書が挙げられますね。

残り
41日

本書は80日間のプログラム。毎日読んで、「今日やってみよう」でメモを書き終えたら、最後に自分を褒めてあげましょう。これも小さな成功体験のくり返しですね。

Day 40 仕事❾

会社ではなく「職」に就く

終身雇用制度が崩れ去った今、自分で行える仕事の精度を上げながら、マルチタスク（複数の仕事を持つこと）する時代に突入しています。もともと就職とは職に就くことであって、会社に就くことではありません。もしあなたが会社で与えられた仕事だけをやっているようであれば、今後が危ういですよ。

「職」に就いた人に役立つ4つの視点

リストラになり慌てる人がいます。そして、そのままずっと職に就くことができずに時間を過ごしてしまう人もいます。

慌てない人は、キャリアをつくり続けてきた人たちです。そういう人はリストラになろうとも、自分の能力を活かしてさらによい場所へとステップアップできます。他の会社へ就職したり、ビジネスを立ち上げる人もいますよね。

会社のために頑張ることはよいことです。しかし同じ働くでも、自分の仕事の精度を上げながら毎日を過ごす人と、ただ会社に行き、与えられた仕事をこなして1日が終わる人とでは、時間の経過とともに大きな差ができます。

会社は自分の成長を発揮する場所です。就職とは会社に就くことではなく、職に就くことだと自覚しましょう。

個人事業主の人は自分の仕事の精度を日々上げ続けていきましょう。自分に仕込んだものは自分を助け続けます。会社でなく職に就いていると思っている人は、自分の仕事に誇りを持っている人です。

職に就く、マルチタスクの時代に生きる人に、私からとっておきのアドバイスを送ります。仕事をよりよい方向に導くための4つの視点を紹介しましょう。

①自分（自社）側から考える。
②相手（取引先）側から考える。
③お互いの立場（両者と社会）から考える。
④神様の視点から考えて、神様が◎をくださるだろうかと考える。

①と②の視点は、その仕事で自社に、あるいは取引先に利益もたらし社会的な効果が生まれるかどうかを考えます。どちらかだけにメリットがあり、どちらかが損をする仕事ではうまくいきません。そのため③で、自社と取引先の双方に利益が生まれ、社会的な効果につながるかを確認します。
そして④で、ただの金儲けではないこと、社会的に悪い影響を与えるものではないことを確認するのです。神様に胸を張れる仕事かどうかです。

専業主婦の方なら、仕事は家事。取引先は家族と置き換えるといいでしょう。仕事だけでなく、何かを行う時にこの4つの視点に当てはめて考えると、よりよい方向へと必ず向かいます。

自分や自社だけが儲かれば、バレなければ何をしてもいい。その考えは潜在意識のバグです。社会は多くの人で成り立つのですから、すべてがよい方向へと向かうために仕事をすることで神様が◎をくださるのです。

私はこの4つの視点を常に持ち、ものごとを捉えることで、人間関係が良好になり、仕事もうまくいき、お金も入ってくるようになりました。

今日
やってみよう

自分の職業を説明してみよう

今の仕事もしくは将来やりたい仕事について、先ほど紹介した4つの視点から考えてみましょう。ここで見えてくるのは、自分の「職」の目的でもあります。神様が◎をくださると思えるものなら、きっとうまくいきます。

残り
40日

今日でプログラムの半分を達成です！

Day 41
仕事⑩

仕事と私生活のバランスを確認する

人生にはバランスが必要です。仕事一辺倒でも私生活を楽しむばかりでも、人生はうまくいかないものです。バランスが崩れると、すべてが崩れる。そう思うとちょっと怖いですね。バランスは人それぞれ。他の人から仕事人間に見える人でも、その人なりの私生活を楽しんでいたりします。あなたは、どんなバランスですか?

バランスが崩れると人生が崩れる

私たちの人生は仕事と私生活で分けられます。「健康」プログラムで眠っている時間と起きている時間のバランスが大事だとお話ししましたが、2つに分けられるものは、大抵そのバランスが重要になります。仕事と私生活のバランスもとても大事ですよね。

生活を向上させるために仕事を一生懸命やっても、私生活を楽しんでいなければ本末転倒です。私生活ばかり楽しみ過ぎて、仕事を疎かにしたら生活が苦しくなります。でも、仕事と私生活のバランスは人それぞれでよいと私は考えます。自分にとってのバランスです。**キッチリ半分にすることがバランスではありません**。

仕事をし過ぎたと思ったら週末にゆっくりする、早めに休む、心と舌に美味しいものを食べて仕事の疲れを癒す。温泉や好きな場所などに行く……これらはバランスをとるための行動です。

私生活を楽しみ過ぎたと思ったら、そのぶん仕事を頑張る。これもバランスです。

積み木を1つ1つ上に重ねていくようなものです。**バランスの悪い日を重ねることは、積み木を微妙にずれて重ねているのと一緒**。仕事ばかりに偏ると健康や人間関係が崩れていきます。私生活ばかりに偏ると、やはり健康や経済が崩れます。積み木が崩れるようにです。毎日を積み木だと思って、バランスよく積み重ねていきましょう。**偏りは潜在意識のバグ**です。

偏りを潜在意識に落とさず、自分なりにバランスのとれた生活をして、潜在意識に落としていきたいところですね。

今日やってみよう

仕事と私生活、自分なりのバランスを考えよう

仕事と私生活のバランスがとれていると思う人、思わない人、それぞれその理由をノートに書いてください。バランスがとれていない人は、どんな行動をすればバランスがとれるか考えてみましょう。

残り39日

Day 42

仕事⑪

細かい仕事をキチンとやる

大きな仕事だけが仕事ではありません。小さな仕事、細かい仕事をやってこそ、大きな仕事が成立します。細かい仕事は面倒くさい、と思っていませんか？　成功者の多くは細かい仕事をきちんとやる人です。細かい仕事に気づき、丁寧に対応するから、大きな仕事の質が上がり、成功へと導かれたのです。

Day 42
仕事⑪

神は細部に宿る

会社が成り立つのもあなたの仕事があるからです。大きな仕事から小さな仕事まで、すべてがそうです。むしろ、小さな仕事をキチンとやるからこそ、大きな仕事と大きな仕事の間が埋まってチームの成績が上がり、会社の業績も上がるのです。

細かい仕事ができる人は、会社からもチームからも大事にされます。重宝されます。一方で、個人事業主の人は大変です。すべてを自分で行わなければなりません。

上場企業、中小企業、国家公務員、個人事業主とさまざまな立場の人に私は会っていますが、仕事で結果を出している人ほど細かいところが丁寧です。家庭でも細かいことまでしっかりやっている人が多いです。

細かいことほどキチンとやることで、潜在意識は小さなことにも気づくように活性化していきます。

仕事や家庭で、頭の中で整理ができない時やうまくいかない時には、やらなければいけない細かい仕事を書き出してみてください。取りこぼしている仕事が見つかるものです。大事なご挨拶や連絡事項を忘れていたなんてこともあります。それらをすぐに行うと、仕事や家庭がスムーズに運んでいきます。

数千万円するような精巧な時計も精度の高い小さなパーツの集まり。どのパーツが欠けても動くことはありません。小さな仕事とは精巧な仕事のためのパーツです。「神は細部に宿る」。細部へのこだわりがその本質を決めるということ。あなたの仕事も人生も細かい部分の精度が高いほどに、全体のクオリティーが上がるのです。

今日やってみよう

やらなければいけない細かいことを書き出そう

仕事であなたがやらなければいけない細かいことを書き出しましょう。先延ばしにしている、あるいは放置していることはありますか？　あれば、すぐに手をつけましょう。それは大きな仕事がうまくいくかどうかの鍵かもしれませんよ。キチンと丁寧にやってみましょう。

残り38日

Day 43
仕事⑫

受け取りやすい仕事で あとは任せる！

多くの仕事は1人で完結しないもの。あなたの次に仕事を進める人がいます。この仕事の流れがスムーズに進むかどうかは、あなたが次の人に渡すまでの仕事ぶりにかかっています。あなたのところで滞らず、次の人に仕事が渡ったあともスムーズに進むために、あなたが気をつけるべきことを見つけましょう。

受け取りやすい仕事とは？

仕事は流れるように進めたいもの。あなたの仕事を受け取る人が仕事をしやすいかたちで渡していくのが理想です。

例えば、上司に報告書を渡す時には事前に次のようなことをチェックします。

・誤字脱字はないか？
・添付すべきものを忘れていないか？
・文章は読みやすいか？
・内容に誤りはないか？

などのチェックポイントに気をつけてやっていくと、上司に報告書が渡ったあとも流れるように仕事が進んでいきます。

１人で完結する仕事は少なく、多くの仕事は、次の人が待っています。だからこそ、次の人のことを考えて仕事をしていくべきです。

私は、多くの人に新しいクライアントを紹介してもらっています。

Day 43 仕事⑫

紹介しくれる人が私について説明する時、便利なツールとなっているのが私のブログです。新しいクライアントさんに「山下純子さんのブログを読んでみてくださいね」と伝えれば、説明がラクになります。

これも一種の「次の人が受け取りやすいかたちで仕事をする」です。

仕事が流れるように渡っていくのは、お互いの潜在意識に安心を与えてくれるので、職場全員の潜在意識が活性化していきます。

次に受け取る人の笑顔まで想像すると仕事にも張り合いが出ます。

1人でお仕事をしている個人事業主の人は、次の仕事を渡すのを取引先やお客様だと考えてくださいね。

ところで、次の人に仕事を渡す、任せることが苦手な人がいます。

自分ですべてを行おうとしてする人。自分で全部やらないと気が済まない人です。

でも、責任感の強い人でもありますね。

人にお願いしないと、体力気力がすり減り、疲労困憊になって自分が潰れていきます。

人にお願いしないと、人も育っていきません。人を信じて任せていきましょう。

家庭でもそうです。子供がある年齢に達すれば、信じて任せてみる。それによって子供が大きく育ちますよ。

今日やってみよう

仕事を受け取りやすくするために何に気をつけますか？

次の人が仕事を受け取りやすいように配慮せず、仕事が進まなかったことはありますか？

例えば、上司への報告書。誤字脱字が多く、内容も不備があればくその報告書を突き返されますよね。仕事が進んでいないということです。

その時に何に気をつければよかったでしょうか？　スムーズに仕事が進むために必要だった行動をノートにメモしましょう。

残り37日

「仕事」プログラムも残りはあと１日です。できれば、明日の予習を兼ねて、仕事についてのメモを振り返っておきましょう。

Day 44
仕事⑬

手を抜かず、いつも全力で！

多くの人にとって、仕事の時間が1日の中でいちばん長い時間ではないでしょうか。その時間をどう過ごすかによって、1日の充実度が変わりますよね。だから、仕事は全力でやるのがいいのです。今日は「仕事」プログラムの最終日です。例によって「テーマ」と「映像」を振り返り、行動をチェックしましょう。

いちばん長く時間を使うものを大事に

1日でいちばん長く時間を使うもの、それは多くの人にとって仕事ではありませんか？　私にとってもそうです。

1日にいちばん長く時間を使うものが充実していると、毎日が充実しますよね。逆に、その時間を適当に過ごせば、毎日を惰性で過ごすことになります。

それをくり返すと、惰性の人生を送ります。だから、仕事で手を抜くことはＮＧなのです。

仕事に手を抜く人は、惰性であなたに接する人を引き寄せ、仕事に手を抜かない人には、あなたにきちんと接してくれる人を引き寄せます。

手を抜かず仕事を続ければ、よい結果が必ずついてきます。潜在意識に成功体験を入れ続けられます。

さて、「仕事」プログラムの最終日という節目を迎えました。ここで、仕事におけるあなたの理想の「テーマ」と、それが実現した「映像」、実現のために必要な「行動」を振り返りましょう。

今日
やってみよう

「テーマ」と「映像」「行動」を振り返る

仕事についてあなたが決めた「テーマ」、思い浮かべた「映像」、実現のための「行動」はすでにノートに書いてあるはずです。

果たして、行動ができていますか？

その行動でテーマの実現はできそうですか？

もしできなそうであれば、どんな行動に変えればいいでしょうか？

このように取るべき行動をチェックし、ブラッシュアップしていきましょう。そして、その行動ができている、継続しているという人は自分をしっかり褒めましょう。

残り36日

明日からは次のプログラムが始まります。テーマは「お金」です。あなたが気づいていなかった新しい扉がたくさんあります。ぜひ、開けてくださいね。

第5章

「お金」プログラム

Day 45

お金 ❶

「よいこと」だけにお金を使う

「健康」「人間関係」「仕事」とプログラムをこなしてきたあなたは、かなり潜在意識の特性を理解できているはず。今日からは「お金」のプログラムに入りますが、これまでの学びを活かせれば、納得することの多い内容ばかりです。ぜひ毎日読み、「今日やってみよう」にチャレンジしてください。

取り入れたもので人生は決まる

お金の使い方は、とても重要です。どう使っていくかです。

人生はすべて「取り入れたもの」で変わります。どんな考え方を取り入れるかで仕事や人間関係が変わります。どんな食べ物を取り入れるかで健康も変わります。

人生に「取り入れるもの」、それを手にするための引換券がお金です。私たちは引換券を得るために仕事をしていると言っても過言ではありません。その引換券を何と引き換えていくかで、あなたの人生の質が決まります。

お金をよいものと引き換え続けていれば、潜在意識はよい行動や感情を自動的に選択して、人生の質を高めてくれます。収入が高まり、よいものにお金を使う機会が増え、ますます潜在意識によいものを取り込んでいける。そんな好循環が生まれます。

私は毎日多くの人に会いますが、お金が無いと言う人ほど、自分を落とすことや消えてなくなるもの、自分の体を悪くすることにお金を使っています。

健康、愛情、仕事……すべてお金で買えます。お金を使って権力を振りかざすということではありません。

自分の体によい食材にお金を使うことで、健康を維持できます。大切な人に自分のできる範囲で買ったプレゼントを渡せば、愛情も深まります。仕事のスキルを習いにいくのにもお金がかかります。健康、人間関係、仕事すべてにかかわるのがお金です。

お金を使う時には**「このお金の使い方は潜在意識を活性化するだろうか？」「それとも濁らせるだろうか？」**と考えていきましょう。**「これは何で買ってしまったのだろう？」と思うようなことにお金を多く使っている人は、潜在意識の中のお金の使い方にバグを起こしています**。

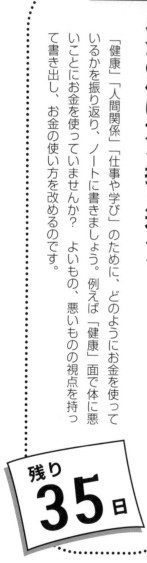

今日
やってみよう

お金の使い方を振り返ろう

「健康」「人間関係」「仕事や学び」のために、どのようにお金を使っているかを振り返り、ノートに書きましょう。例えば「健康」面で体に悪いことにお金を使っていませんか？　よいもの、悪いものの視点を持って書き出し、お金の使い方を改めるのです。

残り
35日

Day 46
お金 ❷

お金ストーリーの「テーマ」と「映像」

「お金は使うと増えるもの」とお金持ちの人がよく言います。お金が無い人ほど、お金は使うと減ると思っています。実はお金を使う時にポイントがあるのです。その秘訣をお教えするのが今回です。最後は、お金ストーリーの理想の「テーマ」を決め、実現した時の「映像」と、実現のための行動について考えてもらいます。

Day 46

お金 ❷

お金は気持ちよく使おう

お金は気持ちよく使うべきです。これは、散財のことではありません。支払う時には、気持ちよく支払うということです。

お金を渋りながら出すとは、お金にマイナスのエネルギーを載せる行為です。そのマイナスを相手が受け取り、やがて自分も受け取ることになります。これも潜在意識のシステムの1つである、与えて受け取るです。渋々おごる人がいたら、印象がマイナスになりますよね。

お金を使うなら、プラスのエネルギーを載せると、プラスが返ってきます。与えたお金より多いお金が戻ってきます。気持ちよくおごってくれた人には、恩返ししたくなります。

「お金が無い」と言う人は、お金を使うと減ると思っている人です。お金を多く持つ人は「お金を使うと増える」と思っています。お金とは物や学びが持つエネルギーとの交換の道具で、交換したものは自分の中に蓄積されて消えることはないと知ってい

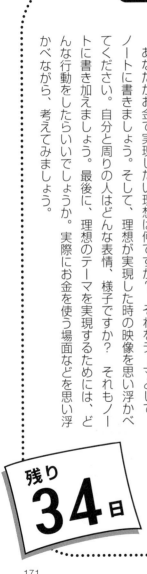

ます。ですから、自己投資はもっともよいお金の使い方なのです。
今日は、そんなお金の理想の「テーマ」と実現した時の自分や周りの様子を頭の中で「映像」にしましょう。私の場合は「お金を自分と誰かが喜ぶために使っていく」「お金を使って学んだことを活かしていく」です。
私が思い浮かべている映像は、お金を使っている時に嬉しい自分と喜んでくださっている人達の笑顔。そして、お金を払って学んだことを多くの人にシェアしている自分の姿も想像しています。

今日やってみよう

お金ストーリーのテーマを決めよう

あなたがお金で実現したい理想は何ですか？　それをテーマとして、ノートに書きましょう。そして、理想が実現した時の映像を思い浮かべてください。自分と周りの人はどんな表情、様子ですか？　それもノートに書き加えましょう。最後に、理想のテーマを実現するためには、どんな行動をしたらいいでしょうか。実際にお金を使う場面などを思い浮かべながら、考えてみましょう。

残り34日

Day 47
お金 ❸

時間はお金
読書で年収を上げる

時間はやがてお金に変わります。でも、それは時間をどう使うか次第です。時間を無駄に使うと、時間はお金に変わらず、お金は出ていくばかり。収入を上げたくても上がらない人は、時間を有効的に使えずに、ただ仕事の種類や待遇ばかり気にしている人が多いです。今回で時間がいかにお金に変わるのかを学びましょう。

時間はやがて「お金」に変わる

1日は24時間。その24時間を無駄に過ごす人は、無駄が蓄積されていきます。「健康」「人間関係」「仕事」によいことをやり続ける人は、よい結果が積み上がっていきます。問題は、その時間を何にどう使うかです。

お金も時間が関係します。「長時間働けばお金が増える」という話ではありません。**時間の使い方がよいものだと、やがてお金に変わる**という話です。

いつも朗らかでいることに時間を使うと、やがてお金に変わります。人や情報が集まり、その関係で仕事が生まれていきます。健康的に過ごすということに時間を使っても、お金に変わります。仕事は体が資本。体がお金を稼いでくれます。健康でいれば病院代も要りませんね。「健康」「人間関係」「仕事」に有効なことに時間を使う。それがやがてお金に変わってくれます。

時間をお金に変える有効な方法の1つが、私もやっている読書です。

年収の上げ方を多くの方から聞かれますが、私はいつも「本を読みましょう。読書の量が年収の高さです」と即答しています。私の実体験だからです。**潜在意識に新しい情報が入ると、新しいことが連動して起こります。**本で新しい知識を得ると、その知識を活用できることが起こるのです。仕事に関する本を１００冊読めば仕事が成り立ち、３００冊以上読めばその分野で飛び抜けていけます。

読書をすると潜在意識に豊かさが加わり、その豊かさに引き寄せられるようにお金も入ってくるのです。得た知識を人に使うとさらにお金が入ってきます。「学ぶ」というエネルギーの量は年収の量に比例します。エネルギーと質量は同等なのです。

今日
やってみよう

お金の無駄になる行動を探して年収を上げる本を読もう

あなたの普段の行動で、時間もお金も無駄になると思う行動はありますか？　思いつくかぎりノートに書き出しましょう。その行動をやめて、時間をお金に変えていける行動をするとしたら、どんな行動をしたいですか？　それも書いておきましょう。

残り
33日

Day 48
お金 4

お金の支払い方と受け取り方

あなたは、お金をどんな思いで支払い、受け取っていますか？ そしてどんな支払い方と受け取り方をしていますか？ 潜在意識を使って、お金とよい関係を築くためには、この2つの行動とその時の思いはとても重要です。めぐりめぐってお金があなたのところに来るのか、どんどんお金が来なくなるのかが決まります。

お金に「いってらっしゃい」と「おかえりなさい」

なかなかお金が入ってこない人は、支払いがギリギリだったり、遅れたり、支払えるお金があるのに出し渋る人です。お金がよく入ってくる人は、とにかく支払いが気持ちいいです。しかもきれいなお札です。

支払い方の気持ちいい人は社会的信用度も高いです。「金の切れ目が縁の切れ目」という言葉もありますが、しっかりとお金を支払うことでよい縁もつなげておけます。

私はお金を支払う時はいつも「いってらっしゃい、私のところにいてくれてありがとう。あなたのエネルギーで誰かを幸せにしてね。お友達を連れて帰ってきてね」と思っています。

受け取った時は心の中で「おかえりなさい、私のところにきてくれてありがとう」とつぶやきます。どんな決済方法、受け取り方でも変わらずにです。

そうするとお金も喜んでくれているような気持ちになります。

「お金は通貨。自分を通過させていくから通貨と言います」と、私は多くの人に伝えています。支払いや受け取る時に、**お金は自分を通過していくので、その時の自分の気持ちを大切にしてほしい**からです。

お金は人や仕事を介し、めぐりめぐって銀行に集まります。そこはお金が集まる巨大な溜まり場。自分を通過するお金に幸せのエネルギーを載せれば、お金の溜まり場にいる幸せのエネルギーを持ったお金がたくさんのお友達を連れて帰ってきます。

あなたもよい感情をお金に載せて、幸せなエネルギーを纏ったお金を受け取りましょう。支払いの滞りは潜在意識のバグです。

今日やってみよう

支払う時の態度、気持ちを確認する

今日は、あなたの今までのお金の支払い方を振り返ってください。期限ギリギリに支払いをしているなら、もっと早く支払いができないか。何かを買う時、サービスを受ける時に「お金を払ってやってる」という意識でいないか。自分の支払い方を振り返り、改善すべきことがあれば、どう改善するかをノートに書きましょう。

残り32日

Day 49

お金 ❺

意識と行動を一致させる

「成功したい」と言うのに、そのために何もしない人がいます。志はある。でも何かと理由をつけて、行動ができない。まるで、クルマのアクセルとブレーキを同時に踏んでいるようですね。そんなあなたの潜在意識に効くお話が今回です。意識と行動を一致させるためのヒントになりますように。

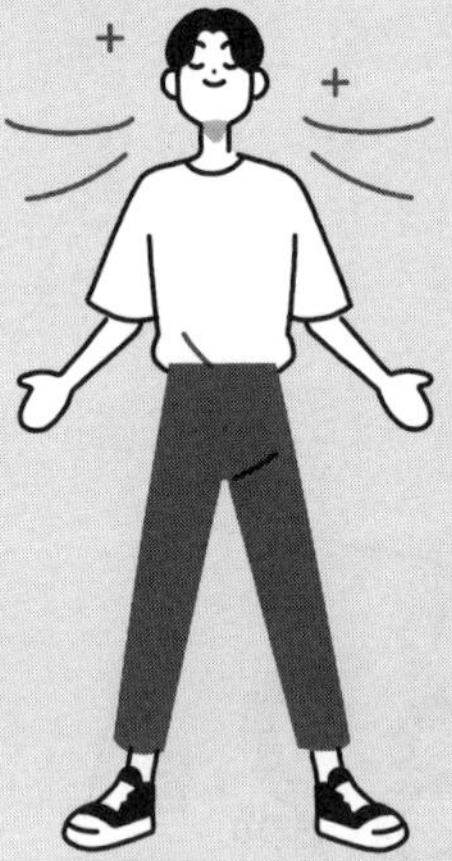

魔法の言葉「今が未来をつくる」

意識と行動を一致させるとは、クルマで言えば、アクセルとブレーキを同時に踏まないということです。前に進みたいからアクセルを踏むのに、同時にブレーキを踏む。それでは前に進まないですし、車のエンジンが焼ききれてしまいます。

ビジネスを始めたい人が相談にきたら、私は必ずこう言います。

「自分が何をどんなふうに行っているかの情報をブログ、facebook、Instagramなどで発信することが大事です。そして毎日更新していきましょう。それによってクライアントがつきますよ」

でも、なかなか始められない人がいます。その人たちは必ず「やったほうがいいと思うのですが」と前置きしつつ、「自分を出すのが恥ずかしい」「文章が苦手」と言います。これ、残念ながらアウトです。

意識と行動が同じでなければお金は流れてきません。自分を知ってほしいのに自分を出さないのは、アクセルとブレーキを同時に踏んでいる状態です。

Day 49
お金 ❺

成功はしたいけれど行動は起こさない。これでは矛盾です。

成功のために「やったほうがいいと思う」行動を「やる」から成功に近づけます。

文章が苦手で発信することにためらいがあるのならば、文章を書く訓練をすればいいのです。ブレーキを踏み続けては前に進めません。

仕事で儲けたい。でも、地道にコツコツ働きたくない。学ぶ気持ちはあるけれど続かない。こういう人も**意識と行動が一致していません。潜在意識のバグ**です。

ビジネスに限らず、自分のため、周りの人のために「やったほうがいいと思う」行動を止めないでください。「恥ずかしい」「苦手」「大変」という思いがあっても少しずつ前に進めてください。**少し進むだけで、見える景色は変わってきます。**

潜在意識が活性化している人ほどフットワークが軽いのは、意識と行動が一致しているからです。

行動に起こせない人は、過去の自分のデータである潜在意識によって行動を止められています。

そんな時に一瞬で効く魔法の言葉があります。

「今が未来をつくる」

と心の中で強く思うだけでも、新しい行動にチャレンジしていけます。潜在意識にそう宣言してください。

今日やってみよう

意識と行動が一致していますか？

「部屋を片づけたい」「将来のために勉強したい」など、やったほうがいいことなのにできていないことをノートに書き出しましょう。

そして、その意識と行動が一致しない理由も書いてください。「時間がない」「疲れている」など理由はさまざまでしょう。

意識と行動を一致させるために、どんな行動や工夫ができるか考えてください。それがお金を生み出すための言動一致ができるあなたへと育てていきます。「決めたエリアだけ片づける」「電車移動の時間は勉強する」など、自分が少しでも前に進める方法を考えてみてください。

残り31日

「今が未来を作る」は私が常にクライアントに言っている言葉です。意識と行動の不一致を感じた時に、心の中で宣言すれば、一歩前に踏み出せますよ！

Day 50 お金 ❻

お金を「大好き」になろう

みなさん、お金のこと好きですか？ 日本人の恥の文化の影響か、「お金を好き！」と言うのは「いやしい」「下品だ」とされます。しかし、本音ではお金が好きな人のほうが多いのではないでしょうか。潜在意識の特徴を考えると、お金にも「好き」という自覚を素直に持ったほうがいいのです。

お金を大好きになろう

お金がないと暮らしていけません。働くのはお金を得るためでもあります。それでも、お金を多く得るのは悪だと思っている人がいます。もし、あなたが心のどこかで**お金をたくさん得ることを悪だと思う**なら、その考え方は今日から捨てましょう。**それはお金に対する潜在意識のバグ**です。

お金は最低限あればいいという考え方もあります。しかしそれでは、新しい学びや出会い、体験も最低限でいいと潜在意識に取り入れていき、最低限のものしか受け取れなくなります。しかも、その最低限のレベルはどんどん下がっていきますよ。

Ｄａｙ46でお伝えしたように、お金ですべてが買えます。もしあなたが、今よりよい人生を望むなら、しっかり働いてお金を得て、自己投資や趣味、誰かと楽しく過ごす時間に使って、お金が大好きであると自覚していきましょう。

お金があるからこそ、いろいろなよい経験ができますし、誰かを助けてあげることもできます。あればあるだけ、自分を高みに上げ、周囲を幸せにしていけます。

もしあなたが、人生の質を高めたいと思うなら、素直にお金を好きだと思い、ぜひ次のように声に出してください。

「私はお金が大好きです。大好きなお金で大好きなことをするのが大好きです」

お金もエネルギーです。そもそも好きでなければ、来てくれませんよ。

今日やってみよう

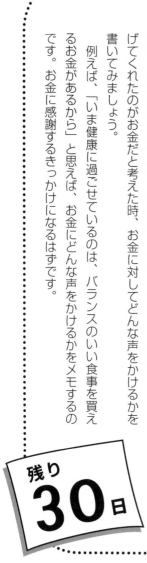

お金に対する感情を書こう

あなたがお金に持つ感情をノートに書きましょう。否定的な感情もあれば、肯定的な感情もあると思います。次に、今までの自分をつくり上げてくれたのがお金だと考えた時、お金に対してどんな声をかけるかを書いてみましょう。

例えば、「いま健康に過ごせているのは、バランスのいい食事を買えるお金があるから」と思えば、お金にどんな声をかけるかをメモするのです。お金に感謝するきっかけになるはずです。

残り30日

Day 51
お金⑦

楽しい人と自分にお金をかける

あなたは何にお金をかけていますか？　私がお勧めしたいのは次の2つ。「自分にお金をかける」と「楽しい人と過ごす時間にかける」です。自分にお金をかけて得られるものと、楽しい人と過ごすことで得られるもの、どちらも潜在意識の状態をよくしてくれるので、ぜひ試してみてください。

Day 51
お金 7

自分にお金をかける意味

自分にお金をかけた分、何かを得られます。その得たことを求めて、人はあなたにお金を払ってくれます。これは個人事業主だけではありません。会社員もそうです。スキルを持つ人ほど重宝されます。主婦もそうです。学んだことを子供に教え、その子供が将来それでお金を得ていくことがあります。

私の父は美術が大好きでした。特に絵画が好きで、若い頃から美術の本をたくさん購入していました。当時まだ若い父の給料ではとても高かったであろう本が何冊も購入してあり、それが自宅にずっとありました。

私はその本を眺めながら育ちました。中学を卒業する頃には、この絵はルノアール、このタッチはゴッホ、ゴーギャン、シャガールと自然と各画家の作風がわかり、中世から近代の有名どころの画家の絵はほとんどが頭の中に入っていました。

私は美術品の解説もしておりますが、父が若かりし頃からお金をかけて学び得たことを私が仕事にしていることになります。**自分にお金をかけることは、やがて他人**

からのお金を受け取るだけでなく、周りにお金を与えることになるのです。

楽しい人と会うことにお金を使うと自分のエネルギーが上がります。楽しい思い出が残り、お金を使ってよかったと思えます。**潜在意識に喜びが入り、活性化します。**

楽しくない人と時間を過ごすことにお金を使うと気持ちが下がり、あとに残るのは「行かなければよかった」という快くない思い出。**潜在意識が汚染されます**ね。

お金は引換券です。時間や物や思い出との引換券。何と引き換えたいのかを常に考えて、潜在意識にバグを増やさないようにお金を使いましょう。

今日やってみよう

自分にお金をかけていることは何？

自分にお金をかけていると思えることをノートに書きましょう。読書、習い事でもいいですし、食事、服など生活に関わるものでもいいです。それにお金をかけている目的も書いていきましょう。その目的は自分の成長につながるか、周りの人にもいい影響があるかを確認しよう。

残り29日

Day 52
お金 ❽

お財布を大事にする

出かける時に誰もが持って出る3種の神器と言えば「お財布・スマホ・鍵」です。中でもお財布はあなたのお金の持ち方を示すもの。お財布の中身を整理整頓ができていなかったり、お財布自体を雑に扱っていたら、お金への感謝の気持ちは伝わらず、必要なお金が入ってこなくなりますよ。

お金が大事ならお財布も大事に

お金のことを「懐」と言いますよね。お金があると「懐があたたかい」、お金がない時は「懐がさみしい」という言葉で表現します。

お金は懐（上着の内ポケット）に入れるもの。もしくはカバン。お財布をズボンの後ろポケットに入れていたら、座ると大事なお金をお尻で踏むことになります。あなたがお金だとしたら、お尻で踏まれて幸せな気持ちになりますか？

お財布やお金をお尻のポケットに入れている人で裕福な人を私は知りません。お金を大事にする人ほどお財布を大事に使っています。そしてお財布がきれいです。

風水ではお財布は生き物だそうです。生き物は呼吸します。呼吸の「呼」は、息を吐くという意味で、吐いて吸うのが呼吸。吐くとは出すことですから、お金は呼吸のように出て入ってくるものということです。

生き物ならば、お財布を健康的にしたいですね。脂肪があってはいけません。レシートや使っていないポイントカード、会員券などでお財布がパンパンな状態の人がいます。経済状態がよい人ほどお財布の中はスッキリと整理整頓されています。**お財布はデスク周りと一緒**です。**生活を支えるお金の容れ物であるお財布が汚いのは潜在意識のバグ**です。

お財布の寿命は約1000日といわれています。約3年ですね。長らく買い換えていない人はお財布を新しくしてあげましょう。**春のお財布は「張る財布」**と言い、お財布が張るほどにお金が入ってくるそうです。**夏のお財布は「厚い財布」**と言います。夏の暑さに厚いをかけています。**秋のお財布は「豊穣の財布」**と言われ、縁起がいいそうですよ。

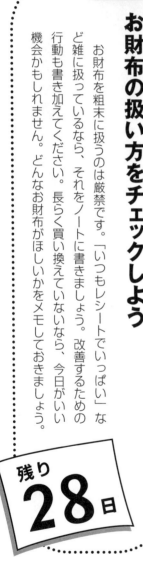

今日
やってみよう

お財布の扱い方をチェックしよう

お財布を粗末に扱うのは厳禁です。「いつもレシートでいっぱい」など雑に扱っているなら、それをノートに書きましょう。改善するための行動も書き加えてください。長らく買い換えていないなら、今日がいい機会かもしれません。どんなお財布がほしいかをメモしておきましょう。

残り
28日

Day 53
お金 ❾

寄付とトイレ掃除でお金を引き寄せる

寄付とトイレ掃除が「お金」によいとされていますが、なぜだか知っていますか？　潜在意識は周波数の世界です。寄付とトイレ掃除という行為にある波動がお金を引き寄せます。今回はこの2つについて私なりの考えを紹介していきます。そして納得がいったら、今日は寄付とトイレ掃除をやってみましょう！

Day 53
お金 9

豊かさには豊かさが、感謝には感謝が

私は盲導犬によく寄付をします。目の不自由な方を24時間見守り、手伝うのは人間でも大変だと思います。それを思うと、1人の人間として盲導犬に頭が上がらない思いです。盲導犬に感謝の心を込めていつも寄付をしています。

潜在意識は周波数の世界です。波動の法則でできています。豊かさには豊かさが、貧しさには貧しさが引き寄せられるのです。

少しの金額でも自分のお金が誰かの役に立つのはとても嬉しく豊かなことです。人にお金を差し上げることのできない人は、人もあなたにお金を出してはくれません。お金は一種の共同体。**人のため、社会貢献のために寄付をすると共同・共有の部分が増えていき、よりお金が入ってきます**。

毎日トイレ掃除をしてお金を得る。そんな不思議なこともあるものです。毎日トイレ掃除をする人ほどお金がを引き寄せます。

トイレットペーパーを販売している大手製紙会社が統計を取ったところ、毎日トイレ掃除をする家庭ほど年収が平均より高いそうですよ。

お金は出すから入ってきます。トイレも出すところ。**デトックスの場所です。だから、きれいな状態にすると、よいものが入ってくる**のです。

自宅だけでなく外出先のトイレも有効です。私は、イベント会場やデパートなどの外出先でお借りしたトイレに気になる汚れがあったら拭いてきます。何かが落ちていたら流すか拾って捨てます。

そのため仕事に困らないどころか、どんどん仕事をいただけるのかもしれません。極端な話、トイレにご飯を食べさせていただいている感じすらします。**トイレにも大きな感謝です。**

今日やってみよう

寄付とトイレ掃除をしよう

今日は寄付とトイレ掃除をしましょう。寄付はあなたのできる範囲の金額で行ってください。トイレ掃除も気がついたところだけでもＯＫです。どちらも、感謝の気持ちを込めながらやってくださいね。

残り27日

Day 54

お金 ⑩

本当に必要なもの 褒められるものに使う

私たちは直感的に気に入ったもの、欲しいと思ったものを買ってしまいます。その結果、同じようなもの、飽きてすぐに使わないようなものばかりが身の回りにそろうことになっていませんか？　心当たりがあるなら、今回のテーマが役立ちます。ものを購入する時に、どのような考えを持って購入すべきかがわかります。

買い物で潜在意識を活性化する2つの条件

私はドレスが大好きです。ドレス選びは気に入ったものはもちろんですが、これを着たら「素敵ですね」と多くの方に褒められるだろうと思うものを購入します。ドレスを着てパーティーに出ると、みなさんが褒めてくださるのでとても嬉しく思います。そのドレスをズラリとクローゼットにかけておくと、称賛のエネルギーが入ったドレスが並びます。そこは私にとってのパワースポットになっていきます。

何を購入するにも自分が好きなものだけにとらわれず、人前で持つ時、着る時にどういう印象を他人に与えるかを考えながら購入すると選び方のセンスもよくなり、バラエティに富んでいきます。**似たような物ばかりを購入すると、変化の無い人生になっていきます**。人からも、いつも同じようなものを持ち、着ていると思われてしまいます。

人の潜在意識が自分の人生に影響するのですから、変化がないと思われたら、変化のない人生を送りかねません。

欲しいものを購入する時、人は2パターンに分かれます。「ただ欲しくて購入する人」「必要なもの中でこれが欲しいと思えるものを選び購入する人」です。

「ただ欲しくて購入する人」はお金に苦労する人です。働いているのにもかかわらず、いつもギリギリの経済状態。時に破産することもあります。**「必要なもの中でこれが欲しいと思えるものを選び購入する人」はお金を使いながら財を得ていく人**です。不思議なもので、必要なものをそろえていくと、他の分野でも必要なものばかりがそろってきます。健康、人間関係、仕事、そしてお金もそろってきます。

どちらがいいですか？ お金というツールで自分の精神を律していくことは、潜在意識のよい訓練にもなります。律することで潜在意識はより活性化していきます。

今日
やってみよう

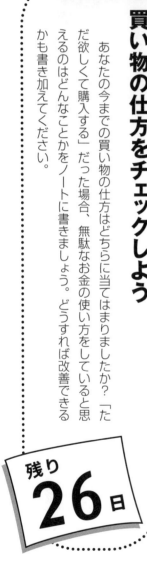

買い物の仕方をチェックしよう

あなたの今までの買い物の仕方はどちらに当てはまりましたか？「ただ欲しくて購入する」だった場合、無駄なお金の使い方をしていると思えるのはどんなことかをノートに書きましょう。どうすれば改善できるかも書き加えてください。

残り
26日

Day 55
お金 ⑪

「お金が無い」と宣言しない

よく「お金が無い」と口に出す人がいます。あなたの周りにもいませんか？　家族や友人にそういう人がいたら、注意してあげてください。その人は「お金が無い」と困っていながら、「お金が無い」状態を自らの潜在意識でつくっているからです。「お金が無い」状態の行き先は人生の破滅です。

否定的な言葉は宣言しない

成功哲学の祖で『思考は現実化する』の著者ナポレオン・ヒルは**「結局は、あなたの言葉があなた自身をつくります。たとえ、それが真理であっても、なくても」**と言っています。お金が無い人ほど「お金が無い、お金が無い」と言っていますね。先に言い切ることで人生をつくり上げていく自己宣言（アファメーション）というものがあります。言い切るのならば肯定的な言葉にしましょう。**「私は豊かです」**。そう常に言っていると、すべてが豊かにそろっていきます本書を読みながらも「私は豊かです」と言い続けてください。

今日
やってみよう

「私は豊かです」と宣言しよう

「私は豊かです」と今、口に出して宣言しましょう。そして、明日から毎日「私は豊かです」と宣言してください。

残り
25日

Day 56
お金 ⑫

「テーマ」と「映像」を振り返る

「お金」プログラムの最後は、Ｄａｙ46で決めた「テーマ」と「映像」を振り返ります。ノートを出して、その日にメモした内容を確認しましょう。今回は「今日やってみよう」だけをやります。テーマを実現するための行動を実践できているか？　そもそもテーマはこれでいいのかなども振り返りましょう。

今日
やってみよう

理想のテーマの実現に向けて行動をしていますか?

お金について理想の「テーマ」を確認しましょう。

そして実現した時の「映像」を思い浮かべ、その実現に必要な行動を改めて確認してください。その行動をあなたは続けられたでしょうか?もし続けられていなかったら、どう改善できるかをノートに書き出していきましょう。

順調にできているという人は、お金の12日間のプログラムを通して自分が改善された点、心の持ち方が変わった点、さらに改善していきたいことをノートに書いてください。お金に関する潜在意識をもっともっとよりよいものへと導いていきましょう。

「お金」プログラムの初日に「お金は欲しいものとの引換券」だとありましたね。必要なものの中でも本当に欲しいものと引き換え、少しずつでも良質なものを生活に取り入れていきましょう。

残り
24日

「お金のプログラム」はここで終了です。他のプログラムと同様に、あなたのノートとともに時々見返してください。「私は豊かです」の宣言も忘れずに行いましょう。次章からは「人生アドバイス」のプログラムがスタートします。ぜひ、新しい扉をたくさん開けてくださいね。

第6章

「人生アドバイス」

Day 57
人生アドバイス❶

これまでの「テーマ」と「映像」を振り返る

今日から最終プログラム「人生アドバイス」が始まります。「健康」「人間関係」「仕事」「お金」について学んだことの総仕上げになります。24日間続きますが、頑張っていきましょう。初日の今日はこれまで「健康」「人間関係」「仕事」「お金」のストーリーで実現したい「テーマ」と「映像」を振り返ります。

人生を豊かにする4つの面を高めよう

今日からは、「健康」「人間関係」「仕事」「お金」で学んだことの総仕上げをやっていきます。

本書の冒頭で「健康」「人間関係」「仕事」「お金」を浴槽の4つの面に例えました。「人間関係」「仕事」「お金」の3つの面が高くても、「健康」の面が低ければいびつな浴槽になり、お湯は溜まりません。**4つの面をバランスよく高くしていくことでお湯が溜まる**。すなわち、人生の豊かさがそこに溜まっていきます。「健康」「人間関係」「仕事」「お金」の4つをいかに丁寧に学んで実行していくかで人生が決まります。

ここでもう一度、それぞれの「テーマ」と「映像」に立ち戻り、振り返りましょう。「テーマ」とはあなたの理想。それぞれの分野で成し遂げたい理想です。「映像」は、実現した時の自分の様子、周囲の様子をリアルに思い浮かべることです。イキイキした自分、周囲が笑顔で喜んでいることが大事です。

そして、このテーマが実現し、映像がリアルになるためのストーリーとなる行動を書き出しました。その行動はできているでしょうか？　もしできていないなら、どんな改善、工夫ができるか。そこまで考えていくのが振り返りになります。

今日
やってみよう

すべての「テーマ」と「映像」を振り返ろう

これまで各章で行ってきたように、「健康」「人間関係」「仕事」「お金」の「テーマ」と「映像」、それに伴う「行動」を振り返りましょう。書き出すことで今の自分を文章として視覚化できます。

実はこの作業、週に1回できるようになると潜在意識を強力に活性化していけます。

順調に行動ができている時なら、チェックだけで済むので5分でできる作業ですよ。

残り
23日

本章で紹介する内容は、私自身の人生で得た「気づき」であり、2万人超の人たちと出会う中で得た「教え」です。あなたの人生にも活かせることがあるはずです。

Day 58

人生アドバイス❷

チャレンジし続ける

新しいこと、これまでできなかったこと、大きなこと、小さなこと、仕事で、家庭で、人生で……あなたは、チャレンジできていますか？

人生が停滞し続ける人は、新しいことにチャレンジをしていない人です。もし心当たりがあるなら、今日、チャレンジするけっかけをつかみましょう。

Day

58

人生アドバイス❷

人生はチャレンジをくり返した結果

今のあなたができることは過去のあなたがチャレンジした結果であり、人生は「チャレンジ」し続けた結果で成り立っています。**人生が停滞している人は、新しいことにチャレンジできていないから**なのです。

日常のささいなことから、大きな目標まで。何にチャレンジするかで人生の方向性が決まります。人生はたったの一度。もっとあなたは自由でいいのです。

行きたい場所に行くのもチャレンジ。着てみたい服にもチャレンジです。好きな人がいるなら、気持ちを伝えることにチャレンジしてください。その人に気持ちを受け取ってもらえなくても、相手にあなたの気持ちを知ってもらえるチャンスです。

気になる本は読みましょう。あなたの潜在意識から「読みましょう」のメッセージです。習い事もどんどん上を目指しましょう。自分に自信がつきます。

潜在意識にチャレンジしたことを入れ続けていけば、潜在意識はそれを証明しようとあなたを突き動かし、よい出会いも引き寄せます。努力してスキルを上げた人には、そのスキルを求めて人が集まるのが何よりの証拠。よい医師にはたくさんの患者さんがいて、美味しい料理を提供するシェフのお店は大人気です。

言い訳は行動へのバグです。人生に「やらなかった後悔」を残さないためにもどんどんチャレンジです！

今日やってみよう

チャレンジしてよかったことは？

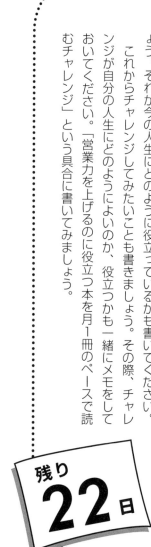

あなたが今までチャレンジしてよかったことをノートに書き出しましょう。それが今の人生にどのように役立っているかも書いてください。

これからチャレンジしてみたいことも書きましょう。その際、チャレンジが自分の人生にどのようによいのか、役立つかも一緒にメモをしておいてください。「営業力を上げるのに役立つ本を月1冊のペースで読むチャレンジ」という具合に書いてみましょう。

電車通勤から自転車通勤に変えるのもチャレンジですね。過去に失敗したことに再チャレンジするのも◎

残り22日

Day 59

人生アドバイス③

すべての行動が種となる

今、この瞬間、あなたがした行動で未来が変わります。大袈裟に思うかもしれませんが、これは紛れもない事実です。今の積み重ねが未来。未来とは、今の自分次第です。自分を変えたい、人生を変えたいと思っても、今すぐには変わりません。でも、今を変えていけば、その先の未来に「よくなった自分」「よりよい人生」が現れます。

今が未来をつくる

私はサインを頼まれると必ずひと言を添えています。それは「今が未来をつくる」です。すべての行動は未来への自分の種です。今の行動がやがて発芽して実となり、未来をつくります。

感じのよい挨拶をすれば人間関係を潤滑にし、不機嫌な態度をとると人間関係は崩れます。挨拶も未来の自分の人間関係の種です。本書は、かつて私がクライアントにお渡ししたアドバイスが種となり、それが今こうして世に出ています。

1つの行動、1回の食事、1本の仕事、普段のお金の使い方、時間の使い方、それらすべては未来への自分の種です。

「今の行動が未来の自分にとってよいだろうか？」「何かを失うことにならないだろうか？」と常に自分に問いかけてください。

そして、続けると未来の自分はダメになると思うなら改善する。あるいは、その行動をやめる。**未来の自分が今の自分を褒めてくれることだけを行いましょう。**

「飯の種」という表現があります。意味は生計を立てるための手段、生きていくための方法。すべてが飯の種につながる生き方を意識しましょう。あなたの笑顔も「飯の種」です。常に笑顔の人には話しかけやすいですよね。話しかけやすい人に仕事が集まりますよ。

今日
やってみよう

未来の自分によくない種を見つけよう

あなたの行動、習慣を振り返って、未来の自分によくない種は何ですか？　逆に未来の自分によい種だと思えるものはありますか？　ノートに書きましょう。よくない種をよい種に変えるにはどうするか、よい種をもっとよい種に変えるにはどうするかを考えて、それもノートに書き加えましょう。よくない種が潜在意識の中のバグの実となる前に改善することがベストです。

残り21日

結果を出す人はよい種をたくさん持っています。その人の行動を観察して、自分が真似できるものを見つけてみましょう。

Day 60
人生アドバイス④

意識が現実化する

これまであなたの望みはすべて叶っています。「そんなことない」と思うでしょうが、本当です。よい結果も悪い結果もあなたが望み、行動した結果だからです。志望する学校に行けなかった時、その学校に行くという望みを持った半面、どこかに勉強をしたくないという望みも持っていませんでしたか？

Day 60
人生アドバイス❹

意識が現実化するカラクリ

今までのあなたのすべての望みは叶っています。よい結果も悪い結果も、それはあなたが望んだことだからです。叶うと思えば望みが叶い、無理だと思えば無理が叶う。

例えば、受験で志望する学校に「入学したい」と思ったけれど叶わなかったとします。ここだけを切り取れば、「意識が現実化」するなんてウソだと思うでしょう。でも、「入学したい」と思う半面、「勉強をしたくない」と思っていませんでしたか?

その意識が現実化したのです。**両方の意識があったのに、片方の意識しか現実化しないのは、潜在意識が関係します。**潜在意識はどんな思いでもくり返し入ってくるものから影響を受け、自動的に判断・選択をします。つまり、「勉強したくない」という意識のほうが多く入ってきたから現実化したのです。

「意識が現実化する」という言葉を本当に意識して生きている人はどれほどいるでしょうか? 私は「意識が現実化する」を毎分毎秒のように意識しています。講演やセミナー、個人コンサルティングの時に多くの人に言い続け、ブログなどでも文章に毎

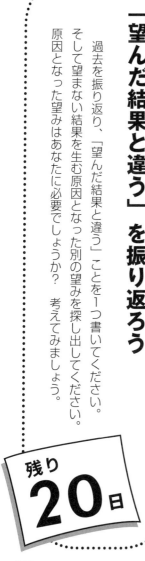

日書き続けているので、「意識が現実化する」を連続で意識することができています。私の人生が豊かでいられるのは、意識が現実化する「行動」をし続けているからです。今、あなたは本書のプログラムを実践していますが、やろうと思ったからやっています。これも意識の現実化ですね。もう疲れたからやめようと本棚の奥にしまうのも、意識が現実化しています。

結局のところ、**意識とは自分が発する周波数**です。あなたが発する周波数と欲しい現象の周波数を合致させる行動をして、それが手に入ります。**意識が現実化するとは、何を現実化させたいのか意識して、行動し続けることが大事**なのです。

今日やってみよう

「望んだ結果と違う」を振り返ろう

過去を振り返り、「望んだ結果と違う」ことを1つ書いてください。そして望まない結果を生む原因となった別の望みを探し出してください。原因となった望みはあなたに必要でしょうか？　考えてみましょう。

残り20日

Day 61

人生アドバイス⑤

プレゼントは自分自身

誰かにプレゼントする時に大事なことは、相手の好みを考えることだけではありません。その贈り物があなたを象徴することを意識するのも大切です。プレゼントを受け取る側はその贈り物を見た時にあなたを思い出します。その時にどんな気持ちであなたを思い出すかは、潜在意識、「意識が現実化」することに影響するからです。

プレゼントは自分自身を贈るつもりで

プレゼントは贈った側より贈られた側のほうがよく覚えているものです。時に贈られた側はいただいた物を見て贈った人を思い出します。**すなわち、贈り物自体が「贈り主」ということ**。ですから私は、人に贈る時には自分自身を贈るつもりで選んでいます。私というエネルギーがよりその物に入り、気持ちが届くと考えています。もし私が何か社会に反することをしたら、贈り物を受け取った人は嫌な思いをしてしまいます。ですから、常によい人間でいようと私は心がけています。**プレゼントとは、相手に思ってほしい自分であり続けるための戒め**でもありますね。

今日やってみよう

どんな自分をプレゼントする？

あなたは、プレゼントした相手にどのような人として思い出してほしいですか？　それは、あなたが望むこれからのあなたです。

残り19日

Day 62

人生アドバイス❻

今日を人生最高の日にする

「人生最高の日なんて、そうそうあるものじゃない」と思う人は、潜在意識にバグがあるかもしれません。あなたの気持ちと行動次第ですよ。意識が現実化するとは、常に意識し、そのための行動をして、潜在意識にくり返し取り入れていく作業です。すぐに否定的にならずに、試してみてください。

今日は人生最高の日！

私は毎日「今までの人生の中で最高の日にするぞ！」と思って過ごしています。そう思っていると、何だか頑張れちゃうんですよね。

「今日を今までの人生で最高の日にするぞ〜♪」と、口に出しながら歩く時も多いです。すると少々大変な時でも不思議と体の内側から元気が湧いてきます。

何かつらいことがあったり、悲しいことがあっても、それはこれからの毎日を最高の日にするための課題だったと考えます。つらい、悲しいというマイナスの思いを手放し、今後の自分のためにいい経験ができたと思えるのです。

今日を人生最高の日にすると思えば、昨日より成長しようと思えて努力もできますし、学びも深くなります。体の管理も昨日よりしっかりしようと思えます。人にも思いやりを持てますし、快く思えない人からは離れることができます。

最高の日にするのですから仕事も頑張れます。お金の使い方も考えるようになります。最高の日に半額のお惣菜をたくさん買おうとは思いません。よい物を買い求めようと思います。
自分では無駄だと思う心配も手放します。最高の日に心配などしたくありませんものね。それでも残る心配事は「行動してそれを解決していきましょう」との潜在意識からのメッセージです。解決に動いたら最高の日になりますよね！

今日やってみよう

人生最高の日は心配事を流そう

もし今、あなたに心配事があるなら、ノートに1つ1つ書き出しましょう。対策を考えられるものは、今日が解決に動くのに最高の日です。心配のし過ぎは心配症という一種の病気、潜在意識のバグです。心配が始まったら、「あ、いけないいけない、また悪い病気が出てしまった」と流していきましょう。流しながら「今までの人生の中で最高の日にするぞ！」と口に出しながら動いていきましょう。

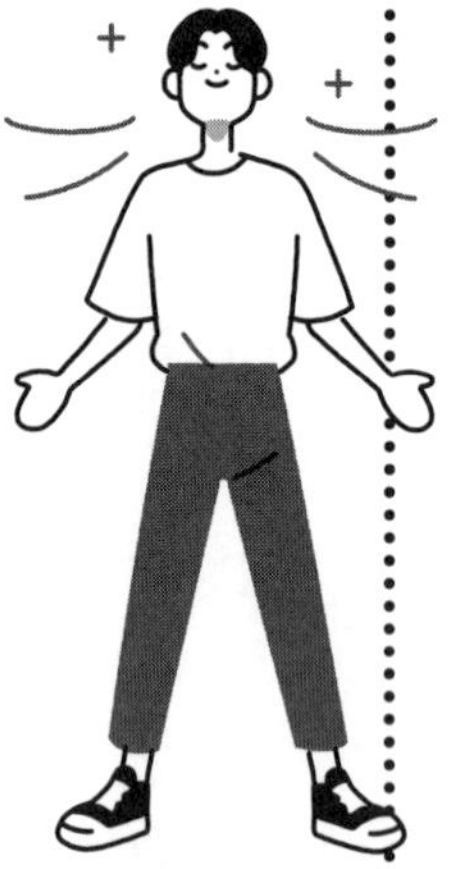

「意識は現実化する。意識とは自分が発する周波数」と書き出して、目につくところに貼りだしておきましょう。

残り18日

Day 63
人生アドバイス⑦

いつも少し上にいく

自分ができる範囲のこと、人から頼まれたことばかりやっていると、あなたの人生の質は今の状態でストップします。そのままでいると劣化することはあっても、質が上がることはありません。なぜなら、成長していないからです。成長するためにとても簡単な方法があります。いつも「少し上にいく」意識を持ち、行動することです。

Day 63
人生アドバイス⑦

横ばいでなく、少し上を行こう

自分で決めたこと、自分の仕事、頼まれたこと、それをやって終わって満足していたら成長はありません。それを単なる「横ばい」と言います。

最初はチャレンジで始めたこともそのうちに難なくできるようになります。できることをただ横ばいで続けていると、変化のないくり返し作業となります。

リビングを掃除をしようと思ったら、となりの部屋の床まで拭いてみる。伝票を書く時は特別に丁寧な字を心がけてみる。人を励ます時には笑顔を添えてみる。英単語を覚える時にはイディオムや類語、反対語まで調べてみる。

日常生活も仕事も、今まで当然できていたことに少しプラスのことをしていくだけで人生はどんどん向上していきます。最初は微差ですが、そのうちに大差を生みます。少しでも上をいかなければ、成長が止まります。**成功は遠くても、成長なら今日できるのです。**

自分が設定した範囲や人から頼まれた範囲よりも、**少しでも上へ上へと常に意識**

として実行していく。意識の現実化にも効果ありです。

そして、その気持ちを持ち続けられる基盤となるのが、各分野での「テーマ」と「映像」です。いい機会ですから、「健康」「人間関係」「仕事」「お金」のそれを振り返ってみましょう。

自分はこれぐらいでいいやと思ってしまうのは潜在意識のバグです。バグの解消には少しずつの成長でも大きな効果があります。

今日やってみよう

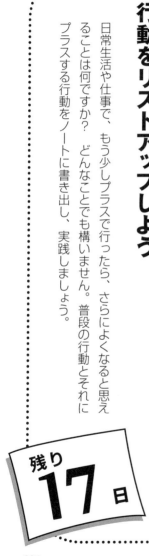

少し上のことができる行動をリストアップしよう

日常生活や仕事で、もう少しプラスで行ったら、さらによくなると思えることは何ですか？　どんなことでも構いません。普段の行動とそれにプラスする行動をノートに書き出し、実践しましょう。

残り17日

Day 64 人生アドバイス❽

「努力」は将来の自分に照準を合わせる作業

「飽きっぽくて努力が苦手、楽しくない」という人がいます。私は努力が好きです。足りなかったものが埋められていく作業は楽しいものです。少しずづでも満ち足りていく気持ちになります。もし、あなたが努力は苦手、楽しくないと思うなら、それは本当の自分を出せていないだけかもしれません。

努力は宝石。人生は宝石箱

私は自分を「努力」でつくり上げてきました。それはとても楽しい作業でした。なぜなら、努力すればするほどに物事を達成できるからです。

努力とはタイトルのように、将来の理想の自分に照準を合わせていく作業です。そこに向かって、現在足りないことをひたすらに足していく作業が努力です。

「足していく」のですから足りていきます。満ち足りていくので楽しいに決まっています。足すだけはなく、時には不要なものを引くことがあります。隙間ができるので、そこに新しい何かを入れることができます。

あなたは宝石箱です。宝石箱には宝石が入っていなければなりません。空っぽの宝石箱に入れていくのは1つ1つの努力です。努力はキラキラの宝石。たくさんあったほうが、あなたという宝石箱は充実していきます。宝石箱を開けた瞬間、たくさんの宝石が入っていたら嬉しくありませんか？　努力の1つ1つは自分に与える宝石です。

努力をできる自分を潜在意識に入れ続けることで潜在意識も活性化していきます。

Day 64

人生アドバイス❽

努力ができないという人がいます。飽きっぽいからではありません。**飽きっぽい人などこの世には存在しません。**なぜなら、やりたいことや好きなことには誰もが集中して取り組むことができるからです。

努力できる自分を出せていないだけです。そして、将来どうなりたいかの理想の自分を持っていない。つまり「テーマ」を決めて「映像」を思い浮かべられていないからです。

夢や目標は「的」です。すぐに叶うような夢や目標は的が大きく誰でも叶えられます。大きな夢や目標は、的が小さくて遠くにあります。ですから叶えるのに時間がかかります。

遠くにあって小さな的に矢を当てるには、体力も技術も必要。何より精神力の高さと集中力がものを言います。

遠くにある小さな的に矢を当てられるようになるのには努力なくしては不可能なのです。あなたの夢や目標が大きいのならば的は遠くにあります。その的に自分という矢を当てられる精神と技術をつくるために努力をし続けてください。

努力をすればするほどに理想とする未来の自分に照準があってきます。

努力し続けることは小さな成功体験となって積み重なります。努力できる自分は嬉しいものですよ。そして努力の結果、その的に自分という矢をズバッと当てる日が必ずきます。その時が楽しみですね。

今日やってみよう

理想の自分とはどんな自分ですか？

今日は４つの質問に対する答えをノートに書きます。
①理想の自分とはどんな自分ですか？
②あなたの夢や目標は何ですか？
③理想の自分と夢や目標を叶えるためにどんな努力が必要ですか？
④その努力をどのように行っていきますか？
書いて終わりではなく、③と④を実践していきましょう。

残り16日

努力すると「できること」が増えていきます。だから楽しくなるのです。「今日を最高の日にしよう～」と思えるのですよね。

Day 65

人生アドバイス❾

意識のミラーニューロン

人間関係プログラムのＤａＹ23で紹介したミラーニューロン。これを意識にも利用するのが今回のテーマです。人間の脳は現実と非現実を区別できないところがあります。私は意識のミラーニューロンを利用して、非現実だけれど現実のような世界を脳に描き、人生の迷いを消すことに活用しています。

意識のミラーニューロンが人生の迷いを消す

ミラーとは鏡、ニューロンとは脳神経細胞。人は目の前の人を鏡のように真似をし出すというのがミラーニューロンの法則です。ですから、人間関係は本当に大事。自分の人間関係環境に誰を置くかで人生をつくっていくと言っても過言ではありません。

物理的なミラーニューロンもありますが、私は意識のミラーニューロンもあると考えます。**人間の脳は、現実と非現実を区別できないところがあります。**

例えばですが、レモンや梅干しを想像すると唾液が出ます。実際に食べていないのに、想像すると唾液が出るとは、過去に酸っぱい味で唾液が出た経験が潜在意識に入り、同じ現象を脳が起こしてしまうからです。

人は誰かと24時間一緒なわけではありません。ところが、**誰かと意識の中で24時間一緒なことは可能**です。愛する人であったり、子供であったり、メンターであったり、憧れの芸能人であったりします。それは非現実ですが、**現実と同じ現象として脳が認識するのが、意識のミラーニューロン**です。

私が常に心に置くのは、やはり自分のメンターである井上裕之先生です。事あるごとに「先生だったらどう考えるだろう？　先生だったら何とおっしゃるだろう？」と考えます。世界にたった1人の潜在意識のグランドマスターが心に24時間いることで、常に潜在意識を考えます。すると潜在意識のレクチャーが私の仕事となりました。意識の中に誰を置くかで、その人と同期しようと意識のミラーニューロンが働きます。私はそう信じています。

今日やってみよう

意識のミラーニューロンを利用してみよう

意識のミラーニューロンで、あなたはどういう人を意識していきたいですか？　あなたの人生に質をもたらす、成長を促す存在を選びましょう。その人のお名前をノートに書き、あなたがうまくいかない時、悩む時には、その人ならどうするかを想像していきましょう。

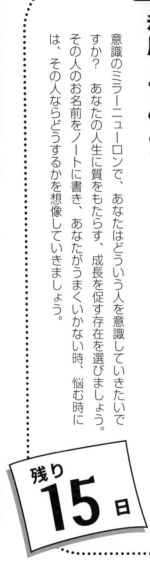

残り15日

Day 66 人生アドバイス⑩

メンターを探し味方をつくる

メンターとは師のことです。自分の人生に師を持つと生き方の参考になり、師の真似をしていくことで師のようになることができます。メンターと同様に自分の人生に必要な物に「味方」があります。社会通念上問題になる生き方以外は、どんなに反対する人が多くても必ず味方がいます。メンターと味方について、今日はお話しします。

Day 66
人生アドバイス⑩

味方を多く持とう

メンターとは師、生き方や仕事の師です。メンターを持つと人生に軸を持てます。

そのメンター選びの基準について私の師である井上裕之先生はこう言っています。

「自分の究めたい道で現在トップレベルの地位に君臨する人であること」「その教え子たちがしっかりと結果を残していること」「その指導者が他のトップクラスの人々と交流があること」。私は、この3つにプラスして、私流のメンターの選び方を1つ付け加えています。**「師にしたい人の師をみる」**です。

その意味は、あなたが師にしたい人が誰を師と仰いでいるかをみることです。あなたが師としたい人の師を井上先生の3つのメンター選びに当てはめてみることで、あなたが求める師のレベルがわかります。

ミラーニューロンの法則がメンターには特に当てはまります。

実際に結果を出している人をメンターにして、あなたがメンターの真似をし続けることにより、あなたはそうなっていけます。

世の中にはあなたに反対する人、敵になる人がいます。メンターと同様に、あなたを応援してくれる味方が必要です。潜在意識を心地よく保つためにも、メンターや味方という「必要」な人をを大切にしてください。快くない人を気にしだすと、その人を考えることばかりに時間を使ってしまいます。もったいないですよ。

今日やってみよう

反対されても乗り越えたことは何？

次の４つの質問の回答をノートに書きましょう。
①反対されても乗り越えたことはどんなことですか？
②それを今の人生でどのように活かしていますか？
③あなたが師にしたい人は誰ですか？
④師にしたい人の師はどんな人ですか？
あなたが出す回答は、どれもあなたの人生の軸となり得るものです。

残り14日

メンターは複数名でもOK。生き方ならこの人、仕事ならこの人……メンターを真似して、人生をつくり上げましょう。

Day 67
人生アドバイス⑪

そうしようと思ったら そうする

今のあなたは過去のあなたが行ったことの結果。「そうしよう」と思ったことが積み重なったのが今です。私はこれまで「そうしようと思ったら、そうする」ようにと多くの人にアドバイスしてきました。実行すれば潜在意識の中の「めんどくさいと思うバグ」が薄れていきます。今回のは本書の中でも特に大切な話になります。

直感が教えてくれる行動をすぐにやる

今のあなたは過去に「そうしよう」と思ったことを実行した積み重ねです。仕事や家事などで、今のあなたが難なくこなせることは、過去のあなたがそうしようと思って行ったり、勉強、練習した結果です。

人生を振り返り、あの時にあれをやっておいてよかったと思えることがきっとあるでしょう。あれをやっておけばよかったと後悔することもあるはずです。

よかったと思えることは、「あの時」にあなたが「そうしようと思った」自分の心のままに実行したからです。**後悔してしまうことは、「そうしようと思った」もしくは「そうしたほうがよいと思った」心の声を実行しなかった結果**です。

ここで直感について触れておきましょう。

直感は、ひらめきです。ひらめいたことを行えば行うほど、直感はさらに冴えていきます。**ひらめいたことを行い続けると潜在意識に「直感を実行」を入れ続けることになります。**

Day 67

人生アドバイス⑪

潜在意識は、潜在意識に入ったことを証明しようと働きますので、さらに直感を実行しようと行動を駆り立てていきます。

フットワークの軽い人はどんどん行動します。フットワークが重い人はなかなか行動しません。それは潜在意識の動きによるものです。

日常生活でも、そうしようと思ったことはそうしましょう。掃除をしようと思ったら、すぐやる。整理整頓されてきれいな部屋に住めます。勉強しようと思ったらすぐに勉強です。すると、ネットサーフィンなどで時間を無駄にすることもありませんし、自分をどんどん賢くしていけます。

健康面においても、そうしようと思ったことはすぐにやり、やめようと思ったことはすぐやめると、自分の体を簡単に管理していけます。

人に感じよく接しようと思ったら、すぐにそうしましょう。いつまでも良好な人間関係を保てます。

お金は自分で本当にそうしようと思ったことに使いましょう。お金を律して使っていこう、そうしようと心に留め置くだけでも、衝動買いが減ります。

そう思ったことはたくさん行っていきましょう。後で後悔をしないためにもです。

そうしようと思ったことは、実行することだけではなく、やめることもあります。

人生はやるか、やらないか。それだけのことです。

今日
やってみよう

そうしようと思ったことを振り返る

今までの人生で、そうしよう思ってすぐに行い、よかったことは何でしたか？　そこで得られた結果とともにノートにメモしてください。

次に、そうしようと思ったけれどやらずに後悔したことは何ですか？

それもノートに書きましょう。

ここでの後悔は、これから「そうしようと思ったことをすぐにやる」時の原動力になります。

今後すぐにやらなそうな自分がいたら、ノートを取り出し、このメモを読み返しましょう。そして思いついた行動はすぐやるパターンを身につけてください。

残り
13日

思いついた行動をすぐやるパターンが身につくと結果が出やすくなります。そして後悔はやったことより、やらなかった後悔のほうが、のちのち気持ちに重くのしかかるものです。それも、ジワジワとです。

Day 68

人生アドバイス⑫

氏名は使命
名前の通りに生きる

あなたの名前には意味があります。名付け親が込めた思いもあれば、その文字から読み解ける意味もあります。名前の意味には、あなたがどのような人生を生きるべきか、そのヒントが隠されています。名前はあなたの看板です。看板を掲げている以上、看板通りの生き方をしてみませんか？

名前は親が決めた？　自分で決めた？

親からもらってこの世を去るまで持てるもの。それは肉体と名前です。名前には、名付ける時の親の愛もたくさん入っています。

親と名前は、自分で選んで生まれてくるという人もいます。それが本当かどうかはわかりませんが、考え方としてはとても興味深いですね。自分で名前を決めて生まれてくるとするならば、そこに何かの意味があるに違いありません。

氏名は使命。**名前の意味の通りに生きてみようと思って、人はこの世にくる**のかもしれません。

生き方がわからないと言って相談にくる人はとても多いです。その時に「ご自分の名前の通りに生きてみてはいかがですか？」とアドバイスすることがよくあります。すると不思議と運が拓けます。

名前の通りに生きるとは自分が持つ名前の意味を、他の人に提供すること。私の名前は「純子」です。「純」は、混じり気がない様。「子」は「一と了で子」。はじめか

Day 68 人生アドバイス⑫

らおわりです。「子」は「ねずみ」の意味もあります。ねずみは繁殖が旺盛ですから、「子」には「たくさん」の意味があります。

私の仕事は潜在意識を教え、人生相談やコンサルティングを行っています。人生相談には困っている人や悩みを持つ人が来ています。悩みがあると心が曇ります。私は心に曇りがある人にカウンセリングをして心を晴れやかに、元の「純粋」な状態に戻すので「純子」だと思っています。

「子」には「はじめからおわりまで」そして「たくさん」の意味があります。私は人の心から曇りを取ることを、この世を去るまでたくさんやろうと決めて、生まれてくる前に自分で「純子」を選んだのかもしれません。

名前とは一種の、その人の看板なのかもしれません。看板を掲げたら看板通りのことをしなければズレが生じます。名前の通りに生きるとは、看板と生き方を一致させることです。

人は与えたものを受け取りながら生きています。名前の持つ意味を人に提供しながら生きていくことで、より名前の通りの人生が拓けていきます。

自分の名前の漢字を辞書で調べてその通りに生きてみると人生が拓けてきます。

親に自分の名前の意味を聞いてみるのも楽しいものです。親が他界されている人は天国に向かって聞いてみましょう。心にひらめいたものがきっと答えです。

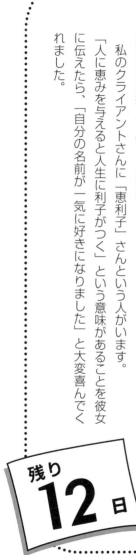

今日やってみよう

あなたの名前の意味を調べよう

親に自分の名前の意味を聞く、辞書で漢字を調べるなどして、自分の名前の意味を解釈してみましょう。そこに今後の人生の生き方のヒントがないかを探ってみてください。

私のクライアントさんに「恵利子」さんという人がいます。「人に恵みを与えると人生に利子がつく」という意味があることを彼女に伝えたら、「自分の名前が一気に好きになりました」と大変喜んでくれました。

残り12日

Day 69

人生アドバイス⑬

常に結果にフォーカスする

結果を出せない人は、どんな結果を出すのかが明確になっていないことが多いです。明確でない目標に、手探りで近づこうとするので努力が無駄に終わります。成功している人は出したい結果が明確で、結果を出すための方法を調べてから努力を始めます。まずは、結果にフォーカスできるかどうか。やってみましょう。

結果は出さなければ意味がない

「結果はどうであれ、頑張ったのだからいい」と言う人がいます。そう言える人は結果を出すために相当頑張り、次につながるものを得たからです。得たものもなく、ただ頑張ったことに焦点を当てて言うセリフではありません。

基本的に、結果は出さなければ意味ないものです。**結果を出すためには、自分が欲しい結果を明確にすること。次にそのための方法を知ること**です。

闇雲に自分で頑張るよりも誰かに教わったほうが早く、結果が出る確率も高まります。欲しい結果が載っている本から、結果を出している人から学ぶでもいいですね。

初めてつくろうと思った料理を自己流でつくっても、求める美味しさに出来上がるのは奇跡に近いですよね。レシピ本の通りにやれば結果は出せます。味を濃くしたり、薄くしたりと好みに合わせれば、自分が求めていた結果に近づきますね。

いち早く結果にフォーカスして、結果を出すための方法を知ったからこそ、結果にこだわることができるとも言えます。

自己流を捨てることです。自己流は別名「行き当たりばったり」。努力は無駄になり、**余計なことが潜在意識に入りまくり混濁化が起こります**。

結果にフォーカスしてもうまくいかない時は、絶対量が足りないか、結果を出す方法を間違えています。

今日やってみよう

あなたが欲しい結果は何ですか？

今あなたは、「何に」「どのような結果」を求めていますか？　できれば短期間でできることで考えてみてください。例えば「ダイエット」に結果を求めているとしたら、どのくらいの期間で、体重をどれくらい落とすのか具体的な数字を書きます。

このように結果を明確にしてから、達成するための必要な方法を調べたところで、すぐに実行です。ただし、自己流は失敗のもと。ご注意を。

残り11日

Day 70
人生アドバイス⑭

不要を手放し必要な2割に集中

自分の回りにある「もの」は本当に必要でしょうか？　私たちには、そこに「あること」が当然と思い、手放すことに不安を感じてつい溜め込んでしまうクセがあります。しかし、「不要」なものは、マイナスのエネルギーであなたの潜在意識を汚染します。あなたの身の回りのもの、本当に必要かどうか点検しましょう。

Day 70
人生アドバイス⑭

「不要」は手放す

生きているかぎり、ものはどんどん増えていきます。生き続けるとは何かを買い続けることでもあります。スッキリ暮らすには、これしかありません。「手放す」ことです。

使っているものはプラスのエネルギー、不要なものはマイナスのエネルギーです。**いつか使うと思っても使わないものは、少しずつマイナスのエネルギーを部屋に撒き散らします。**捨てるともったいないと思うこと自体がもったいないのです。

必要なものばかりに囲まれて暮らしている人は、部屋が整理整頓されて、必要な人に恵まれ、必要なお金も入ってきます。不要なものに囲まれて暮らしている人は部屋が散らかり、いつも雑用に追われています。

ものを購入する時にはルールを決めておきましょう。1つ買うなら、1つ捨てる。欲しいと思ったものを購入するのではなく、必要な物の中から本当に欲しいと思えるものを購入する。「お金」プログラムでやった話ですね。ぜひ読み返してください。

ものを手放す（捨てる）時の基準も決めておきましょう。私は捨てるか取っておくか悩んだら捨てています。自宅にたくさんのものがあると思いますが、実際に使用するのはその中の2割と言われています。**本当によく使う2割にお金をかけて、質のよい気に入った物をそろえていき、不要なものをどんどん手放していきましょう。**

今日やってみよう

必要な2割を見つけよう

今日は3つの質問に答えてください。

①季節のものを除き、あなたが普段使用しない8割のものには、どのようなものがありますか？

②それらを手放せない理由はどのようなものですか？

③使用している2割のものを充実させていけるように、これからどのようなことを行っていきますか？

残り10日

「人間関係」も必要、不必要を見つけましょう。人生は時間です。人間関係で時間を奪われないようにしてください。

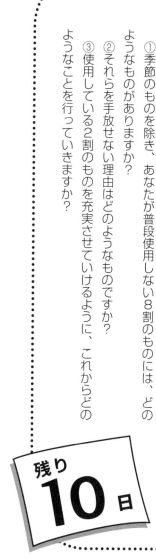

Day 71
人生アドバイス⑮

逆境で自分を試し鍛える

人生最大のピンチなんて来てほしくありませんが、生きていれば危機的な状況に陥ることがあります。潜在意識は時にあなたを鍛える意味で、逆境やアクシデントをプレゼントしてきます。あなたを試すように、です。でも無事に乗り越えられた時には、将来の成功への鍵がそこにあります。

逆境は「代償先払い」と考える

自分の実力が試され、それがいちばん発揮されるのは「逆境」の時です。困難が人を育てると言ってもいいでしょう。アクシデントが起こった時は何とかしなければなりません。今までに見聞きした知識と人脈、自分のスキルを最大限に発揮すべく、必死になります。

これまで重ねてきた「努力」とは、いつ来るかわからない逆境に備えての準備だと捉えることもできますね。そうして逆境を乗り越えると人は大きな自信を持ちます。

「あの時、乗り越えられたのだから、今の出来事も自分なら乗り越えられる」

そう思える人は強いですよね。

潜在意識は学びのために、不運なかたちであなたにギフトをもたらすことがあります。あなたの成長のためにやってきます。自分なら解決できると信じ、逃げることなく、立ち向かっていきましょう。

逆境とアクシデントはあなたを育てるいちばんのツールです。**「つらいけれど、こ**

れで自分は鍛えられる」と思うことこそ、起こったことを受け止める意味づけと解釈にもなります。

不思議なもので、未来において大きなことを成す人ほど、過去に大きな逆境を経験しているものです。

大きな逆境やアクシデントが来たら、未来に大きな成功体験するのだと思えれば乗り越える力となります。まさに「代償先払い」の考え方です。

今日やってみよう

最もつらかった逆境は何ですか？

今までの人生の中で最もつらかった逆境やアクシデントをノートに書きましょう。それをあなたはどうやって乗り越えたか、そしてその経験をこれからの人生でどう活かすかも書いてくださいね。

残り9日

Day 72
人生アドバイス⑯

嫉妬を活力に変える

嫉妬されると嫌な気持ちになります。そんなマイナスな感情はさらっと受け流すのがいちばん。相手の嫉妬につられて、自分の潜在意識にマイナスな感情を入れてしまうのはもったいないですよね。あなたによい部分に対して嫉妬されているのだから。その嫉妬を強力な活力に変える方法を今回お教えします。

Day 72
人生アドバイス⑯

嫉妬を突き抜ける力に変えよう

嫉妬をされると嫌な気分になる人がいます。そんな人に私は「よかったですね！」と言います。ほとんどの人は「え？」とビックリしますが、考えてみてください。嫉妬する人は相手を自分より上だとを思うから嫉妬するのです。うらやましい、悔しいと思われている証拠です。そして、表面だけしか見ていない証拠、今までのその人の努力を見ていないのです。

何もせずにモテる人はいません。女性であればきれいであり続ける努力、男性であれば格好よく素敵であり続ける努力を続けた結果です。営業成績も、何もせずに上がるはずがありませんよね。努力したから上がります。

嫉妬をしてくる人の潜在意識には、他人の努力を認めない大きなバグがあります。

上手に受け流しましょう。何か言われたら「みなさんのお陰です」「たまたま幸運でした」などの角の立たない答えも大事ですね。もし、あなたが嫉妬されて快く思えない感情を持ったらこう思ってください。「人の努力を認めない人に何を言われても気にすることは無い」と。

潜在意識のシステムには、状態を受け取り似たような状態を生み出すものがあり、**嫉妬される状態を受け取ると、嫉妬されるような状況をつくります**。それは、あなたが嫉妬されるほどに成功するということ。ちょっと嬉しくありませんか？

今日やってみよう

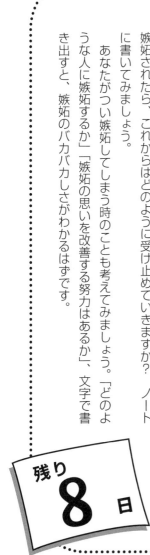

嫉妬されることをどんな思いで受け止めましたか？

今まで嫉妬されることを、どのような思いで受け止めていましたか？嫉妬されたら、これからはどのように受け止めていきますか？ ノートに書いてみましょう。

あなたがつい嫉妬してしまう時のことも考えてみましょう。「どのような人に嫉妬するか」「嫉妬の思いを改善する努力はあるか」、文字で書き出すと、嫉妬のバカバカしさがわかるはずです。

残り8日

成功者ほど嫉妬されるものです。統計学的に２割の人には快く思われないそう。それが「有名税」なのかもしれませんね。

Day 73
人生アドバイス⑰

1つだけ「律する」を続ける

「やめよう」と思ってやめられないことがあります。しかも「やめたい」と思うことは大抵複数あるものです。「スマホを見ながら寝落ちするのをやめよう」「おやつをやめよう」……などなど。でも、1つだけ自分を律して、やめることにチャレンジしてみませんか？ うまいくいけば、やめたいこと全部やめられますよ。

「やめる」は連鎖する！

「あれをやめよう」「これをやめよう」と人はやめようと思うことがいくつかあるものです。そして、そう思っていてもなかなかやめることができないもの。それは潜在意識のバグです。

まず、1つだけやめてみましょう。**人間は1つをやめてみると、次へ次へとやめていけるもの**です。まさに「やめる連鎖」が始まります。

何かに対する思いはなかなか手放せないものですが、**行動自体は律すれば手放せます。潜在意識は自分を律するほど上手に働いてくれます。**

人生はやったことことやらないことで成り立ちます。やらないことを続けることが律するということです。

私の律し方の方法ですが、三日坊主を続けています。3日間続けたら初日に戻るのくり返しです。まずは3日間行う、まずは3日間行う……と、途中に休みを入れずに三日坊主を2回続けたら6日間続いたことになります。これをずっとくり返すのです。

すると気づくと律することができています。三日坊主のくり返し、あなたもやってみませんか？　三日もできないと思う人もいるでしょう。そういう人は、**「今日だけやめる」を毎日続けてみましょう**。結構、効果ありますよ。間食するのを今日だけやめるのを続ければ結構痩せるものです。

今日やってみよう

やめるものを1つ決めよう！

あなたが「やめたいな」と思うものの中で、1つだけ、今日からやめてみましょう。

さて、あなたは何を律しますか？　それはどのように思って行動すれば律することができますか？　考えてノートに書いてください。1日だけやめてみる方法もありですよ。1つやめれば、「やめる連鎖」が始まると思って、頑張りましょう。

残り7日

感情を肯定的に保つ意味づけと解釈

人生では「嫌だな」と思うことがあります。その経験と感情は潜在意識に自然と入ることは、みなさんならもうご存知でしょう。本当なら、よい感情だけを取り入れて、潜在意識をクリーンに保ちたいですよね。いい方法があります。嫌な体験、感情を持った時に使える「意味づけと解釈」です。

Day 74

人生アドバイス⑱

潜在意識に嫌な感情を取り入れない方法

出来事、そこで学んだことがあなたの潜在意識は取り入れていきます。その潜在意識に取り入れる時の感情が、どんなものであるかがとても重要。**不快な思いなどのマイナスの感情を入れるのは避けたいところですよね。**

そこで役に立つのが「意味づけと解釈」です。意味づけと解釈次第で心の持ち方、感情を変えることができるのです。

他人の不快な行動で気分を害する時は自分も気をつけよう、自分だったらどういう行動を取るだろうかと肯定的に考えるだけ。「他人のふり見て我がふり直せ」です。

理不尽なことを言われた時は、誰に言われたかより言われた内容のことだけを冷静に考えると、その通りかもしれないと思うことがあります。それなら今の自分を改善していけばいいのです。大切な人の死に直面したら、その死を悲しめるほどにその人と関われたことに感謝をするのです。人は誰しも「あの時があったから今の自分がある」と思えるようなつらい経験しているもの。ならば、マイナスな出来事が起きた時には「これが自分を成長させる」と思ったほうがよいと思いませんか？
意味づけと解釈とはいい意味で自分の人生を納得させ、肯定的な感情を潜在意識に根づかせる方法なのです。ひどいと思える出来事がトラウマのように残る人は、嫌な部分だけを潜在意識が受け取っています。いわゆるバグです。嫌なことを学びと考え、肯定的に捉える習慣を身につけください。

今日やってみよう

嫌な出来事を肯定的に捉えたことはありますか？

今までにネガティブに思えることを学びと捉えたことはどんなことでしたか？　その学びをどのように活かしていますか？　ノートに書き出してください。また、あなたの周りで何ごとも肯定的に捉えている人がいれば、その人からどのような気づきが得られますか？　その気づきを自分の行動や考えに取り入れる場合はノートに書いておきましょう。

残り6日

「意味づけと解釈」は、楽天的に考えることとは違います。そこに何かの「学び」を求めることが大切です。

Day 75
人生アドバイス⑲

人は段々と成長するもの

右肩上がりの一直線に成長する人はいません。必ず横ばいで停滞する時期を迎えます。そこを乗り越えると成長し、また横ばいの時期を迎えます。成長は階段のようなものです。横ばいの時期には努力し続けるために、時に発想の転換が必要です。そして上に上がれず落ち込んだ気分を転換することも大切ですね。

神様のコップを努力の水滴で満たす

横ばいが続いてドンっと上がる、また、横ばいが続いてドンっと上がる。成長とはそのくり返しです。

まるで踊り場がある階段を上るようです。ですから「人は段々と成長する」と言うのでしょう。一直線に一気に成長し続ける人はいません。

横ばいの時は、停滞しているように感じられ、ちょっとしんどいものです。そんな時には、神様から空のコップを渡されていると思ってください。

そこには、これまでやってきた努力が一滴一滴入っていて、行動をし続けているとやがて一杯になります。

そのコップが努力であふれた時には、次のステージに上げてくれるものに不思議と知り合い、レベルアップを遂げていきます。

横ばいがどこまで続くのかはわかりませんが、次のステージまであきらめないことです。踏ん張ってやり続けたら必ず道は拓けます。

行動したエネルギーと受け取る質量は同じだからです。

あと1滴でコップから水があふれ出るかもしれないのに、手前で止まるのはもったいないですよね。

続ける自分を潜在意識に入れ続けましょう。

今日やってみよう

挫折体験を成長に変えよう

頑張ったけれど、途中であきらめたところはありますか？　何をどんなふうに頑張ったかをノートに書きましょう。その挫折体験を意味づけと解釈でよい方向ものへと変えましょう。あきらめるのではなく、ここまで来られた自分を褒める。あきらめるのではなく方向転換して新しいことを始めるという思いの変換をする。そう思うことで挫折ではなく成長への体験だったと潜在意識に入っていきます。

残り5日

Day 76
人生アドバイス⑳

すべての人が自分を鍛えてくれる

この世には、よい人も悪い人もいないのかもしれません。悪いと思える人も、意味づけと解釈の力を使うと「実はよい人」にもなるからです。よい人も悪い人もただ存在し、互いに影響し合っているだけ。そう考えると、すべての人に感謝の気持ちが芽生えてきませんか？

Day 76
人生アドバイス⑳

意味づけと解釈で「すべてよい人」に変える

よい人を見たら、素晴らしいと感動します。自分もそうあろうと思えて、助け合いなどの協力もできていきます。悪い人を見たら、自分はそうならないように気をつけようと思えます。でも、その悪い人は、自分に近づくなと教えてくれているのかもしれません。そう思えたら、悪い人もある意味で親切な人です。

会社や家庭、近所のコミュニティーにおいても、お互いが助け合って生きていくのがベストですが、中には協力的ではない人がいます。

でも、そのような人達に腹を立てる必要はありません。その人もあなたのことを十分に助けてくれています。助けないことで、あなたがやらざる得なくさせている。つまり、あなたのスキルを上げるお手伝いをしてくれるありがたい人。そして怒りを抑えるよい訓練相手なのです。

あなたが頑張っていることは他の誰かが必ず見ていてくれます。思わぬところからの手助けやチャンスが舞い込んでくる時があります。それは、あなたを助けてくれなかった人のお陰で実力が上がり、あなたが**自分の機嫌をよりよく保ちながら淡々と行う姿に引き寄せられた**のです。

よい人達からはさまざまな慈愛を学びましょう。あなたを卑下したり助けてくれない人は自分の精神力を鍛えて、実力も上げる手助けをしてくれる人。**意味づけと解釈をすれば、すべての人に感謝できる**ものです。

今日やってみよう

よい人、悪い人から学んだこととは？

今までの人生で、よい人からどのようなことを学んで自分の人生に取り入れてきましたか？　その人との出会いを思い出しながら、ノートに書きましょう。あなたを助けてくれなかった人からは、どのようなことを学びましたか？　ノートに書きましょう。その出来事の状況を思い出して、改めて意味づけと解釈をしてみるといいですね。

「意味づけと解釈」は、楽天的に考えることとは違います。そこに何かの「学び」を求めることが大切です。

残り4日

Day 77
人生アドバイス㉑

億単位のものが放つエネルギーを取り込む

あなたの周りに億単位の高価なものはありますか？　そのような高価なものはエネルギーが高く、私たちによい影響を与えます。でも、身近にあるという人はなかなか少ないですよね。そこでお勧めなのが美術品鑑賞です。高価かつ多くの人の称賛を受けた作品は、まさにプラスのエネルギーに満ち満ちていますよ。

良質なエネルギーの宝庫

どんなエネルギーを取り込むかで人生の質が決まります。私は美術品の解説も仕事にしているのですが、美術品を観て運気を上げることをいつもお勧めしています。

実生活で億単位の高価なものを持っている人はなかなかいません。そんな高価なものを簡単に観られる機会が、美術品を観ることです。とてつもない金額のものをわずか数十センチの位置から鑑賞できて、エネルギーを自分の潜在意識に取り込めます。

美術品はそもそも運がよいものです。震災や戦禍や盗難から免れて残っています。宗教戦争の時代はボッティチェリやラファエロなどの絵画が相当燃やされ、現存する物は限られています。そんな時代を経ながら、称賛され続けた美術品たちには良質なエネルギーがたっぷり入っています。美術館に足を運び、そんな素晴らしいエネルギーをどんどん取り入れていきましょう。

私はとても運のよい人だと自分でも思いますが、それは美術品をよく鑑賞しているからだとも思っています。

王族が着けていたアクセサリーや王冠も機会があったらぜひ観てください。マリー・アントワネット妃や神聖ローマ帝国皇帝ヨーゼフ2世などともう会うことはできませんが、彼らが実際に使っていたものからエネルギーを受け取ることは可能です。王族の運気をたくさんもらって自分の運をどんどん上げていきましょう。

今日
やってみよう

頭に浮かんだ美術品を調べてみよう

今、あなたの心の中にパッと思い浮かんだ美術品は何ですか？ ノートに書きましょう。絵画、宝石、家具、時計、お城などの建造物でもOKです。時代は問いません。それについて調べてみて、気づいたこと、感動したことなどを3つ以上書いてみましょう。足を運んでみたい特別展があるかもしれませんよ。調べてメモしておきましょう。そして実際に行ってみてくださいね。

残り
3
日

称賛されている物を見ると潜在意識に豊かさが蓄積されます。それに引き寄せられるて人生が徐々に豊かになっていきます。

Day 78
人生アドバイス㉒

すべてを感謝に変える

感情はエネルギーであり、周波数。よいも悪いも波動が合うことで互いに引き寄せ合います。引き寄せるなら、よいものがいいですよね。あなたの日常をよいものばかりにする、とっておきの方法があります。それは、ありとあらゆるすべてのことを感謝に変えることです。

Day 78
人生アドバイス㉒

日常を感謝で満たそう

ありとあらゆることについて心を感謝で満たしていけば、すべてがうまくいくようになります。感情もエネルギーであり、周波数です。中でも感謝はとても高い周波数。あなたの感情の周波数が、行動をスイッチにして同じ周波数のものを引き寄せてくれるのです。

感謝は、誰かに何かをしてもらった時ばかりではありません。

「電車に間に合った、セーフ！　ありがたい」。そういうことでもいいのです。些細なことにもありがたいと思っていると本当にありがたいと思うような現象が次々に起きてきます。感謝とは天界への言葉のバズーカ砲だと私は思っています。

すべてを感謝に変えようと思ったら簡単に変えられます。意味づけと解釈で肯定的に受け取れば、すべてが感謝に変わります。よい人に出会ったら感謝。嫌な人に出会っても感謝です。嫌な人は「自分に近づくとあなたの心が怪我をしますよ」と教えてくれていると思えば、もうそこには感謝しかありません。

実は私、２週間ほど文句ばかりを言う実験をしたことがあります。自宅で１人であれこれと文句ばかり言ってみたのです。すると電化製品の調子は悪くなるし、お財布は落とすし、転んで捻挫もしました……ろくなことがなかったです。
言葉に霊が宿ると言われます。言霊です。悪い方にも言霊は発揮されると知りました。感謝は自分を守るお守りかもしれないと本当に思った次第です。

今日
やってみよう

今、感謝できていることはどんなこと？

あなたが今、感謝できていることはどんなことですか？　数は問いませんので、ノートに書きましょう。そして意味づけと解釈で、感謝できると思えることも書き加えましょう。嫌な人ばかり思い浮かべるだけでなく、家族など当たり前にいる存在、身のまわりのものなどにも目を向けてみましょう。

「意味づけと解釈」は、楽天的に考えることとは違います。そこに何かの「学び」を求めることが大切です。

残り
２日

Day 79

人生アドバイス㉓

100個の夢を叶えよう

夢をどんどん叶えていきましょう。小さくても大きくても、夢は夢。すぐに叶いそうなものでも、なかなか叶わなそうなものでもいいので、夢は数多く持ちましょう。いきなり夢みたいなことは起きないけれど、小さな夢を一つひとつ叶えていけば、やがて大きな夢にたどり着きます。

夢を書き出すと、自分が見えてくる！

これから夢を100個叶えましょう。

「あそこのお店のサンドイッチが食べたい」。そんな小さなことから「世界旅行や秘境に行く」など壮大なことまで、夢を100個、ノートに書き出してどんどん叶えていきましょう。

それは夢と言うより、これからの人生の行動計画案と言ってもよいですね。夢を100個叶えるには知識が必要です。

そして夢を叶えていくと経験を積んでいきます。

潜在意識は知識と経験の貯蔵庫です。その貯蔵庫を「自分の成したいこと」と「成しえたこと」で満たしていきます。

「成したいこと」を「成しえたこと」に1つ1つ変えていけば、潜在意識は自動的に自分の夢を叶えるための行動を選択します。

夢はどんなことでもいいです。恥ずかしがることもありません。夢を叶えていきましょう。

２０１６年、私も夢を１００個打ち立てました。その１つが私の師である「井上裕之先生に会う」でした。先生から潜在意識を学び続けて、潜在意識行動学を確立し、こうやって本を出せるまでになりました。もちろん、出版も１００個の夢の中に入っていました。

夢を１００個も書けずに途中で止まってしまうこともあるでしょう。気にすることはありません。思いついた時にどんどん足していけばよいのです。

夢を書き出して行く作業は、自分の心と向き合う作業。自分が自分に何を求めているのかがわかってきますよ。

そして経験したいことを書き出すだけでなく、行動していった人は自分の軸で生きていくことができます。

私のクライアントに紅茶の先生がいます。勝又由里子さんです。彼女は思わぬかたちもありますが、行動することで夢が叶い続けていると仰っています。

北海道にお住まいの嘉織さんは、働きながら京都の芸術大学に入って学び、本当に素晴らしい作品を作り続けてコンクール入賞を果たしました。

夢を持ち、叶える行動こそが人生をつくり上げていくのだと私も実感しています。とにかく行動！ 行動のための準備もどんどん行いましょう。あなたの夢、叶え続けてくださいね。私も心から応援しています。

何か夢が叶ったら「純子さん、これが叶いました――！」と教えてください。あなたからのご報告を楽しみに待っています。

今日やってみよう

夢を100個書き出そう！

今日から夢を100個書き出していきましょう。今、書き出せる夢をどんどん書いてください。

次に、夢を叶えている人（叶えた夢は何でもOK）を見て、何か気づきはありますか？ あなたが夢を叶えるために、その気づきをどのように活かせるかノートに書きましょう。

残り1日

夢に向かって行動することで、単なる憧れだっとと気づくこともあります。まずはチャレンジです！

Day 80

人生アドバイス㉕

1095日を駆け抜ける

いよいよ、本書のプログラムも最終日となりましたね。あなたは80日間、本書を通じて自分と向き合い、潜在意識の理解を深めてきました。ここで学んだことは、これから人生の目標に向かうあなたを助ける武器となるはずです。その武器とともに、これから3年間、全力で目標に立ち向かいましょう！

今が全力で立ち向かう時期！

人の寿命は自分で決めているのか、偶然に決まるのか。神様がお決めになられているのか、はたまた人それぞれのDNAに生きる時間が刻まれているのか。私には、それを知る由もありませんが、1つ言えることがあります。

それは誰しもが一生の間に「全力で立ち向かう時期」が何度か来るということです。そこをスルーしてしまうと、掴みたい未来は完全に遠のきます。

寿命を持つ間に、その「全力で立ち向かう時期」を利用して、自分を大きく育てて納得のいく人生を歩むことが大事です。

学生の頃に受験やスポーツに頑張った時期があなたにもあることでしょう。でも、大人になってから自分の人生をつくり上げるために全力で頑張ったことがありますか？

人生はたったの1回です。しかも時間は限られています。ただ何となく時間を過ごしてしまえば、ただ何となくの人生で終わってしまいます。

Day 80
人生アドバイス㉕

それでもよいと思う人は、このプログラムを受講していないはずです。

あなたが自分の人生で成しえたいことに向かって全力で進みましょう。あなたの成しえたいことは、言葉を変えると、あなたが体験し自分の人生に与えたいことです。

そこに向かって、まずは3年間を駆け抜けてみましょう。3年間を日数で表すと1095日です。

すでに行っているものがあるなら継続を続けること。まだ手をつけていないのなら始めること。何となく続けているのなら本気で行うこと。

1095日を駆け抜けたら、きっとあなたの能力は天と地の差が開いています。運やチャンスは転がっていません。それらは自分の行動の量と比例するように現れます。行動する人はチャンスを見逃してしまうこともありません。

これからも潜在意識に良質な情報を入れ続けるために、学びに学び、それを活かした行動をして人生をよりよい方向へと動かしていきましょう。

すべては自分を通して起こります。

自分ならそれを成せる、それを体験するために生まれてきたのだと信じることも大事です。

あなたなら可能です。結果を出す行動を取り続けてください。

思い願っているだけでは何も起こりません。誰しもが知る引き寄せの法則は行動した後に起こります。

行動するからこそ潜在意識が活性化して、行動しないバグや自己否定が取れていくのです。

今日
やってみよう

1095日後の自分を思い描こう！

1095日後、あなたはどのようになっていたいですか？　具体的な目標を書きましょう。

その目標は「どのような気持ち」で「どんな行動」をしていけば達成できますか？　なぜ、それを成し遂げたいか、その理由を「誰のためか」も含めてノートに書いてください。

残り
0日

80日間書き続けたノートを見返すと、目標決めをしやすくなります。各章のテーマと映像を振り返ろう

おわりに

自分を大いに褒めよう！

80日間のプログラム、ついに完走しましたね。おめでとうございます！

この80日間は、毎日自分と向き合い、考え、メモを書いてきました。メモに書いた行動をして、自分の理想を実現している人の言動や習慣を真似したこともあるかと思います。この本を開く余裕がないほど忙しい日、効果が実感できず心が折れそうになった日もあったはずです。

とにもかくにも、やりきった事実は変わりません。やりきった自分を存分に褒めましょう。潜在意識に達成感を取り入れましょう。それが、よいことではあるのは、すでにご存知ですよね。

80日間で学んで得たことや感じた潜在意識の力を、今後の人生に役立てましょう。

人生は、できるできないではなく、やるかやらないか、ただそれだけです。

いっだましいを入れて生きよう！

「いっだましいを入れて生きろ！」という鹿児島弁の言葉があるのですが、これは生魂（いきだましい）を入れてしっかり生きろとの意味を持ちます。

過去の私は、生きていく気合いも入れずに、相当ふらふらした気持ちで生きていたのだと思います。「疲れた疲れた、ずっと寝ていたい」の思いを病気となって叶えてしまいました。しかも余命宣告つき。２００７年のことでした。少し私の話をさせてください。

当時の私は音楽の仕事をしていてヴォーカリストでした。本当に忙しかった。月に26本もの仕事をこなして、残りの日はリハーサルと打ち合わせ。休みの意味すらわかりませんでした。たまに空き日があると、世間から求められていないような気持ちになって不安になり、無理に仕事を入れてしまう。いわゆる潜在意識のバグです。

真夏は40度を超える炎天下で火傷しそうに熱くなっているマイクを握って歌い、真冬は雪の降る中、特設会場でストラップレスのドレスを着て歌う。新しい歌もどんどん覚えないといけない。体はボロボロ。楽しく歌っていたはずだったのに、やがてつらくて逃げたいものとなっていました。

強い意志と行動によって潜在意識が動いて望みを叶えますが、私は「もう嫌だ」とマイナスのほうに強く思っていました。そして、ずっと寝ていたい状態を病院のベットの中で叶えてしまったのです。

高熱と不正出血と気を失うような痛さが襲い、あまりの具合の悪さに病院へと駆け込んだら、カルテに「悪性腫瘍の可能性大」の大きなハンコをもらいました。もう愕然としました。奈落の底に落ちる気分とはこういう気持ちだと当時は思ったものです。

入院して痛さから逃げるように本を読みました。このまま死んでしまうと思いながらも、死ぬのが怖くて何かしていたかったのです。そんな時に出会ったのが、タイトルは忘れてしまいましたが、心を立て直す本でした。

そこには、本心から思ったことが人生で起こると書いてありました。本当だと涙が出ました。つらい、逃げたい、ずっと寝ていたい。その思いを私は叶えてしまったと。

こんな病気になってお父ちゃんが心配している、お母ちゃんが泣いてる。私って親不孝だな～ごめんね。歌以外のこともたくさんしてみたかったな。ツアーで全国をまわったけれど観光していろいろ見たかったな。恋もしたかった。トム・クルーズについに会えなかった。そんなことばっかり思っていました。

ところが、ふと気づいたのです。本に書いてあった、心から思ったことが人生で起こるのならば治るかもしれない。病は気からと言うなら、病は気で治せるかも。潜在意識で人生を向上させることができると書いてあった。ならば実行しよう。体が壊れたからもう歌は歌えない。今は体と人生を立て直す時。勉強しまくってみよう。

このまま死ぬのも人生、生きて何かできるようになるかもしれないのも人生だと思ったあたりからです。潜在意識を良質化してみよう。

よりよい未来を想像しまくって、よい考え方を勉強すればいいのねと、自分が治ったあとの元気な姿ばかりを想像していました。　読んだ本には人を励ますと自分も励まされると書いてあったので、点滴スタンドを引きずりながらも同じ病棟に入院している患者さんを励まし続けました。

「ありがとう、今日も話しかけてくださって。元気が出ます」と言われるたびに、なぜか私も元気になる。そんなことをくり返していたら、不思議と痛さが減り、熱が下がり、開腹手術後、徐々に元気になりました。

これぞ潜在意識のシステムの核である「与えて受け取る」だったのです。

体が壊れて歌の世界に戻れず、退院して時給８００円のアルバイトをしながら本を読み、借金をしてまでセミナーに出て潜在意識の勉強をしました。

今はコンサルタントになって、多くの方のご相談を受けています。相談を受けながらいつも思うことがあります。

「肯定的な学びを潜在意識に入れながら、楽しく生きる自分を想像して生きていけば、その通りに叶えられなくても、近いところまでいける。それなのに、あなたの人生は、今のままでいいの?」と。

私はヴォーカリストで生計を立てられるようになり、病気をしてどん底に落ちたけれど、そこからコンサルタントとして潜在意識行動学をつくり、本まで出せるようになりました。

「それは純子さんだからできたのでしょう?」と言う人もいます。

いいえ、違います。あなたにも可能です。人生の奇跡は誰にだって起きる。起こせるんです。即効性のある魔法はありませんが、ひたすらに行動して望みの自分をつくっていく行動をとれば誰でもできます。

あなたにも私にもあったような潜在意識のバグを取り続けてください。とてつもなく人生が上がります。願っているだけで叶うというのは大きな間違いです。実行してくださいね。

本書を通して潜在意識によりよいものを入れていき、あなたの人生がさらに豊かになることができましたら、私にとってはこのうえない喜びです。

ぜひ、80日間のプログラムを何ターンもおこなってみてください。潜在意識によりよい行動を上書きし続けることで確実に人生が向上します。あなたがやり抜いた80日間プログラムのもとになったものを受講して、よりよい人生を歩んでおられる方（50代女性）からのお手紙を最後にご紹介します。

私の近況をご報告させていただきます。

引き続き、現在の職場である障害者支援施設で働き、3年半が過ぎました。年収も純子さんに以前ご報告させていただいたパート時代の4倍から5倍となりました。

今は来年受験予定の社会福祉士資格取得に向けて、専門学校の通信教育を受講し、レポート提出に追われる日々を送っております。

主人との関係は相変わらず様子見ですが、転職が続いていた彼も、やっと自分に合った職場を見つけたようで、部長に昇進しました。

娘も第二志望ではありますが、語学が有名な大学に入学することができ、充実した大学生活を送ることが出来ています。

数年前までは、私も夫も無職で、非課税世帯で肩身の狭い思いをしていたのが嘘のようです。これも純子さんとの出会いがあってこそと感謝しております。

今後も現状に甘んじることなく、純子さんの教えを胸に抱きつつ、精進して参りたいと思います。長くなりましたが、近況のご報告をさせていただきました。


ご報告の中に「純子さんの教え」とありますが、それは私の教えと言うより、潜在意識のシステム活用の方法を教えて差し上げただけのことです。これからも多くの方の人生が豊かに向上していけるように一生懸命に仕事をして参ります。ぜひ、あなたも潜在意識を使いこなして人生を謳歌してください。いつだましいを入れて！

謝辞

私に潜在意識のすごさを教えてくださった井上裕之先生に心から感謝いたします。先生がおられなければ今の私は存在していなかったと思います。先生は私の生涯のメンターです。

多くの人の人生が幸せになるように一緒に仕事をしていきましょうとお声がけくださった伊集院尚子さん、本当にありがとうございます。これからもお仕事をご一緒させてください。

私を仲間に入れてくださり、人のために一生懸命に仕事をして頑張る高橋勘太さん、これからも一緒に盛り上がっていきましょう。エムトラストのみんな、いつも温かく迎え入れてくれてありがとう。感謝感謝です。

私を慕ってくださる人たちが集まって、いつしかできた純子組。みんな本当にありがとう。あなた方がいてくださるから私は頑張れます。頼りにしていますよ。これからもお互いによい人生を歩んでいきましょう。

娘のように可愛がってくださる世界の言霊書道家、白水春鷲先生。ずっとずっと、かーしゃんかーしゃんと慕わせてください。これからもどうぞよろしくお願いいたします。

2023年に天国へと旅立ったお父さん。

人のために一生懸命に尽くして生きていきなさいというのが口癖でした。疲れて下を向きたくなった時、お父さんの言葉が心をよぎり、また頑張るぞと思えます。お父さんが生きている時に出版できなかったけれど、きっと天国で読んでくれていますよね。

本にはお父さんからの教えがたくさん詰まっています。私はお父さんとお母さんの娘に生まれて幸せです。ずっと見守ってください。

2024年3月4日　母の誕生日に

潜在意識行動学ファーストマスター　山下純子

山下純子
（やました・じゅんこ）

潜在意識行動学第一人者（ファーストマスター）、企業コンサルタント、西洋美術解説。鹿児島市出身。慶應義塾大学文学。株式会社エムトラスト取締役。リズム＆ブルースのシンガー歴20年。ベンチャーズの故ノーキー・エドワーズ氏との共演多数。2007年、難病に襲われ余命5日を宣告されるも奇跡の生還を遂げる。退院後、1万5000冊を超える読書量と人生経験から潜在意識の重要性に目覚め、時給800円のアルバイトをしながら、潜在意識のブログをスタート。好評を得て、独自のメソッド「潜在意識行動学」を開発した。現在は講演、コンサルティング、セミナー講師として幅広く活躍。コンサルティングを受けたクライアントと潜在意識セミナー受講生は累計2万人を突破。主婦、ビジネスマン、アスリート、経営者、大人だけでなく子どもまで幅広い層のクライアントを持つ。

●山下純子のblog
https://ameblo.jp/junko-485/

●株式会社エムトラストのHP
https://www.mtrust-obr.com/

装丁：柿沼みさと
イラスト：つまようじ
編集：田口卓

バグる潜在意識
人生がうまくいく! 80日間「3行メモ」プログラム

第1刷　2024年3月31日

著　者　　山下純子
発行者　　小宮英行
発行所　　株式会社 徳間書店
〒141-8202　東京都品川区上大崎 3-1-1
目黒セントラルスクエア
電話　編集 (03) 5403-4350
販売 (049) 293-5521
振替　00140-0-44392

印刷・製本　大日本印刷株式会社

ISBN 978-4-19-865782-6